Comment manager votre manager ?

Lionel Bellenger
Marie-Madeleine Sève

esf éditeur

Management les guides

Division de Reed Business Information
2, rue Maurice-Hartmann, 92133 Issy-les-Moulineaux Cedex
www.esf-editeur.fr

Responsable éditoriale : Nathalie Sannier / Ingrid Caveri

1re édition 2006

Illustrations : Patrick Chenot

ISBN 2 7101-1803-3

ISSN : 1771-9895

Management
les guides

Fidèle à l'esprit du magazine *Management*, facile d'accès et très opérationnelle, cette collection propose des guides pratiques qui vous accompagneront dans votre quotidien professionnel comme personnel.

Dans chaque ouvrage, vous trouverez :

✔ des apports méthodologiques synthétiques ;

✔ des exercices pour vous entraîner : quiz, mises en situation, autoévaluations jalonnent votre lecture… ;

✔ des conseils pratiques, des témoignages pour illustrer les outils proposés ;

✔ des points clés repérables d'un seul coup d'œil, à réexploiter dans vos missions quotidiennes ;

✔ et, en fin d'ouvrage, les résultats des exercices commentés afin de capitaliser et de progresser.

Trois axes de développement professionnel vous sont proposés grâce à cette collection : Efficacité professionnelle ; Pratique du management ; Développement personnel.

Dans la même collection

Si vous avez aimé cet ouvrage, retrouvez les autres titres de la collection :

Série Efficacité professionnelle

- ✔ *Dynamisez vos réunions*
- ✔ *Gérez votre temps… pour en gagner !*
- ✔ *Réussissez toutes vos négociations*
- ✔ *Réussissez dans vos nouvelles fonctions*
- ✔ *Réussissez vos prises de parole*
- ✔ *Sept minutes pour convaincre*

Série Pratique du management

- ✔ *Évaluez vos collaborateurs pour bien manager*
- ✔ *Libérez vos talents de manager*
- ✔ *Managez un projet avec succès*
- ✔ *Optimisez vos relations aux autres*
- ✔ *Recrutez gagnant-gagnant*
- ✔ *Toutes les clés d'un bon coaching*

Série Développement personnel

- ✔ *Apprenez à vous connaître*
- ✔ *Boulot-vie privée : équilibrez vos vies*
- ✔ *Développez votre confiance en vous*
- ✔ *Mieux vivre avec votre stress*
- ✔ *Musclez votre mémoire*
- ✔ *Positivez vos émotions au travail*

Sommaire

CHAPITRE 4

CHAPITRE 5

CHAPITRE 6

Introduction

Tout le monde s'est plaint un jour de son manager. Et vous ne faites pas exception à la règle ! Vous le trouvez « trop » ou « pas assez », ou « en dessous de »... La liste est longue ! Et pourtant, vous n'avez pas d'autre choix que de travailler avec lui – à moins de partir ailleurs. En effet, selon les consultants en Ressources humaines, la majorité des salariés changent de « job » ou bien y restent à cause de ou grâce à leur chef !

Or, il existe une autre façon plus conciliante d'aborder la question : c'est de prendre les choses en main. Autrement dit, de « manager son manager ». Votre supérieur vous indique des lignes directrices et vous demande des comptes. Mais vous-même, n'avez-vous pas les mêmes attentes et le même impact sur lui ? Tel est précisément le but de cet ouvrage : vous faire prendre conscience que bien qu'occupant une place de collaborateur, vous avez le pouvoir subtil de rééquilibrer la situation, du moins en partie.

Il s'agit d'abord de changer d'angle de vue ; se dire que la relation manager/managé se joue dans les deux sens, avec un effet miroir ou un effet boomerang, selon le cas de figure. Ensuite, de dresser le constat suivant : il a autant besoin de vous que vous avez besoin de lui. Certes, il a autorité sur vous, mais, inversement, vous avez de l'influence sur lui. Vous avez des droits et des devoirs ; lui aussi. Et ceci, quel que soit votre niveau de responsabilité...

Une foule de choses se passe entre vous deux, qui sont d'ordre psychologique, moral, matériel ou affectif. Et même si cette relation reste dissymétrique, en tant que collaborateur vous pouvez décider de gagner en autonomie, d'agir et de gérer plutôt que de subir ou de vous complaire dans un rôle illusoire de victime. Quels bénéfices, en effet, pouvez-vous tirer d'une domination qui vous affecte ?

Ce guide aborde différents aspects du rapport manager/managé qui vous aideront à passer à l'action. Certains passages s'adapteront plus spécifiquement à votre situation selon le type de supérieur qui vous chapeaute et l'étape actuelle de votre carrière. Cependant, tous vous donneront des clés pour cadrer au mieux votre relation professionnelle. Les utiliser, même partiellement, améliorera donc considérablement votre quotidien.

C'est vous qui « ferez » votre manager autant que lui vous « fera »...

Chapitre 1

Aborder autrement la relation avec son manager

Objectifs du chapitre

- ✗ Optimiser sa relation avec son supérieur.
- ✗ Se situer dans une relation interpersonnelle.
- ✗ Construire une stratégie professionnelle.

Section 1

Évaluez la relation d'interdépendance entre vous et votre manager

Vous avez l'habitude de raisonner en termes de respect des ordres donnés par votre hiérarchie. À votre place pourtant, songez que vous avez de l'influence. Il suffit d'examiner cette relation professionnelle sous un autre angle : sans vous, votre supérieur hiérarchique serait totalement inopérant. Qui plus est, il vous ressemble sur bien des plans. Renversez mentalement la situation « manager/managé » pour vous préparer à agir.

❶ Repérez en quoi vous lui êtes indispensable

C'est une étape essentielle, pour voir les choses autrement. Balayez le sentiment d'être dominé. Le supérieur hiérarchique doit réussir les missions qui lui sont imparties, tenir ses objectifs. Seulement, il ne peut pas y arriver seul.

Certes, c'est lui qui décide et donne des instructions, mais il a besoin de ses troupes. Dans l'organisation d'ensemble, vous êtes un maillon indispensable de l'équipe. Il est donc bon de vous rappeler que vos compétences et votre adhésion lui sont, *a priori*, très précieuses.

✔ ***Comme collaborateur, vous apportez une contribution aux résultats.*** La réussite de l'équipe, donc celle de votre manager, passe par vous :

- vous êtes un contributeur, parce que ***vous détenez un savoir-faire spécifique***, une expertise transversale (financière, juridique, informatique...), ou une technicité particulière dans ces domaines ;
- en outre, ***vous possédez beaucoup d'informations***, grâce au réseau interne et externe que vous avez tissé ;

– enfin, pour accomplir vos tâches, ***vous mettez en œuvre des qualités positives*** – la réactivité, l'énergie, la combativité – indispensables au poste pour tenir les délais et la qualité exigés.

✔ ***Comme subordonné, vous lui donnez sa légitimité.*** Sans subordonné, il n'y a pas de chef, mais il est difficile à un supérieur de s'imposer ou de se maintenir face à une hostilité ou à une inertie collective. Il a tout intérêt à obtenir l'assentiment de tous et le vôtre en particulier. Vous avez donc en partie le pouvoir de le conforter ou de l'ébranler dans son rôle de hiérarchique.

✔ ***Comme individu, vous participez à la cohésion de l'équipe.*** Avec votre personnalité, vous apportez des couleurs, des nuances à l'équipe : gaieté, sérénité, gentillesse, humour… Tout le monde s'est accoutumé à votre singularité, vous tenez toute votre place ; si bien que votre supérieur devra en tenir compte lorsqu'il voudra remplacer un de ses collaborateur ou étoffer son équipe. Son intérêt, c'est de marier harmonieusement les tempéraments en fonction de ceux qui existent déjà, et notamment du vôtre.

Pour aller plus loin

Qu'est-ce qu'un supérieur hiérarchique ?

Étymologiquement, « hiérarchie » est un terme construit avec deux mots du grec ancien : *hieros*, qui signifie « sacré » (à rapprocher de « hiéroglyphe » : écriture sacrée) et *arché* qui signifie « autorité ».

Le hiérarque est celui qui a autorité sur les affaires sacrées. Il en tire un pouvoir religieux légitime. Le terme hiérarchie, repris par l'organisation ecclésiastique chrétienne, a changé de sens au cours du temps pour désigner, à partir du XVIIIe siècle, un système de subordination et non plus la gestion de la vie religieuse.

Si l'entreprise reste dans le champ du profane, elle s'est emparée de cette terminologie, s'appropriant confusément le côté sacré du mot « hiérarque », devenu « hiérarchique ».

❷ Relativisez le clivage entre lui et vous

La frontière hiérarchique n'est pas totalement hermétique. Elle sert à départager des rôles. Au-delà, songez que votre supérieur vous ressemble. Il est en quelque sorte un autre vous-même. Car lui aussi est une personne qui a des doutes et des émotions à gérer, avec des failles intimes. Deux pensées peuvent vous aider à relativiser le lien de subordination qui vous lie.

✔ ***D'abord, considérez qu'avant d'être chef votre manager a été lui aussi (dans la plupart des cas) un collaborateur***, dans une situation identique à la vôtre aujourd'hui. Simplement, il a peu à peu grimpé les échelons. Il a donc forcément gardé en mémoire des traces de ce passé-là et des difficultés inhérentes à la position d'être supervisé. Un certain nombre de sentiments que vous éprouvez ne lui seront donc pas étrangers. En ce sens, vous êtes un miroir pour lui. Et il peut aussi être un miroir pour vous : si vous avez l'ambition de faire carrière à votre tour, c'est déjà une part de vous-même qu'il représente à vos yeux, dans une projection du futur.

✔ ***Ensuite, pensez que votre manager a également une vie privée.*** En dehors de votre lieu de travail, c'est un citoyen ordinaire. Il affronte les mêmes problèmes que vous au quotidien, dans un monde sur lequel il n'a pas plus de prise que vous. Et il apporte, lui aussi, ses soucis au bureau. Vous êtes donc sur un pied d'égalité.

Ces deux points de convergence créent des zones de compréhension entre vous deux. Il ne faut surtout pas les négliger. Du reste, il en existe beaucoup d'autres à détecter selon les situations particulières. Vous pouvez, pour vous aider, en dresser la liste. Elles constitueront une base intéressante pour bien gérer votre relation avec lui.

Une relation dissymétrique

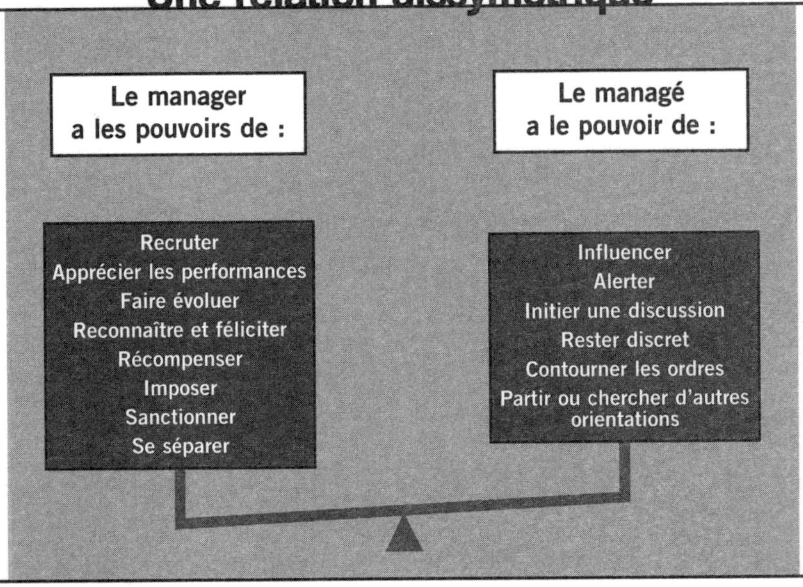

Et vous, où en êtes-vous ?

Quelle idée vous faites-vous de votre relation avec votre manager ?

Pour évaluer l'état de votre relation avec votre manager, répondez sincèrement aux affirmations suivantes, en cochant à chaque fois la case adéquate.

		Souvent	Parfois	Rarement
1	Je laisse mon manager décider seul des instructions pour le service.		X	
2	Je l'informe régulièrement de mes activités.	X		
3	Je lui pose des questions précises concernant les projets pour l'équipe.	X		
4	Je ne crains pas de contester certaines de ses décisions.	X		
5	J'ai tendance à obéir même si je ne suis pas d'accord.		X	
6	Je peux jouer un rôle de déstabilisateur au sein de l'équipe.		X	
7	Je discute avec mon manager de nos rôles respectifs.			X
8	Je discute volontiers de nos vies personnelles hors travail avec mon manager.	X		
9	Je constate des zones de forte incompréhension avec mon manager.			X
10	Je m'efforce de comprendre les motivations de mon manager.	X		
11	Il m'arrive de parler avec mon manager de nos qualités et de nos défauts réciproques.			X
12	J'aborde avec lui la façon dont il exerce son autorité.		X	
13	J'arrive à influencer ses décisions.		X	
14	Je reste en général à distance de mon manager.			X
15	Je parle avec mon manager sur un pied d'égalité.	X		

Pour connaître le résultat de votre autoévaluation, reportez-vous page 115.

Section 2

Identifiez la nature de votre relation professionnelle

La relation de travail entre votre manager et vous se noue dans un contexte très particulier, celui d'une entreprise donnée, qui a ses propres règles de conduite et son code moral. Bref, l'environnement qui vous entoure n'est pas neutre. Ne dit-on pas parfois d'un comportement : « Il est inscrit dans les murs ! » Vous êtes tous les deux influencés par une organisation. Et vous devez en tenir compte pour situer au mieux les rapports que vous entretenez.

1 Caractérisez votre environnement de travail

La qualité de l'environnement au travail conditionne grandement les comportements de votre supérieur à l'égard de son équipe. Vous ne comprendrez pas votre relation manager/managé et ne pourrez pas peser sur elle, si vous n'avez pas fait l'effort de qualifier ce contexte.

En effet, toute entreprise a ses règles de fonctionnement plus ou moins formalisées. Chacune affiche une organisation officielle, écrite, avec organigrammes et répartition des tâches. Mais celle-ci est doublée de systèmes informels qui comblent les lacunes du système formel. L'intérêt, c'est qu'ils intègrent la réalité quotidienne vécue, avec ses règles non écrites, ses codes ; un décalage qu'il faut apprécier…

Soyez surtout attentifs à quatre points capitaux :

✔ ***Observez la circulation de l'information.*** Est-elle formelle ? Contenant des renseignements intéressants ? Transparente, opaque ou « langue de bois » ? Est-elle informelle ? Sachez qu'elle le sera d'autant plus que le système officiel est rigide, voire bureaucratique. Tâchez de repérer assez vite ce que génère cette circulation parallèle : une chaîne de surcontrôle, des bruits de couloirs, des ragots, etc. ?

✔ ***Appréhendez le processus de décisions.*** En théorie, le manager décide. Dans le quotidien, assume-t-il ce rôle ? Pour des décisions stratégiques affectant son service, cherche-t-il à se couvrir ? Car souvent celles-ci résultant de compromis entre divers responsables en entreprise, il ne souhaite pas en porter seul la responsabilité. Est-ce le cas aussi pour ses pairs ?

✔ ***Décryptez le système de récompense existant.*** Est-il fondé sur des critères objectifs et connus de tous ? Quelles sont les procédures ? Quels faits prend-il en compte ? À partir de quel point est-il rigide ou inéquitable ? Est-il subjectif, laissant la place à l'arbitraire ? La récompense est-elle matérielle ou symbolique (titres, bureau spacieux et isolé, etc.) ?

✔ ***Identifiez le système de valeurs mis en place.*** C'est tout ce qui se fait ou ne se fait pas. Non écrit, mais stable, il relève de la culture d'entreprise. Il se définit par l'ensemble des comportements des individus. Quelle est donc la façon de recruter, de sanctionner, de promouvoir, de faire pression, etc. ? Constatez-vous un décalage par rapport au discours officiel ?

Le carré de votre environnement de travail

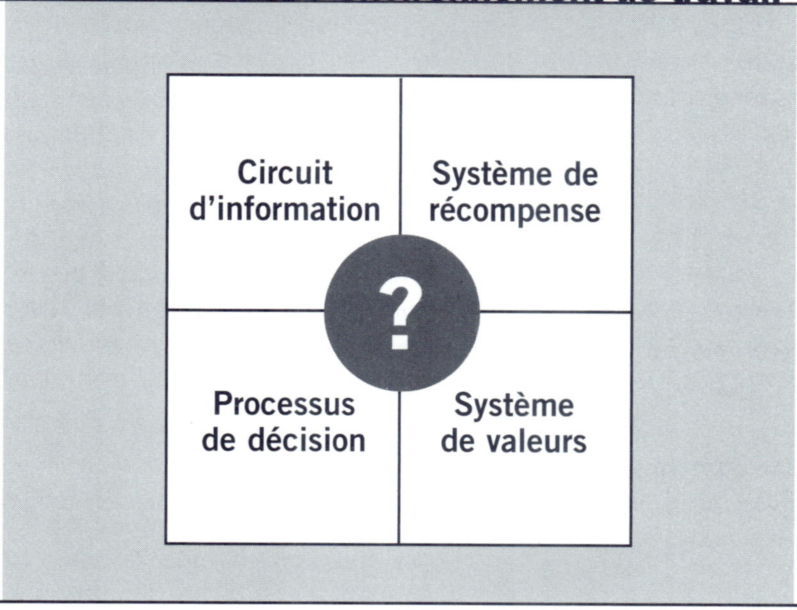

Observez ensuite comment votre service ou département s'intègre dans ce paysage général. L'ambiance sera basée ou non sur une liberté d'expression, la discussion des règles de travail, l'entraide, l'écoute, l'obtention de réponses aux questions posées. Analysez cette ambiance, cela vous en apprendra beaucoup sur le ou les styles de management de votre chef.

2 Cernez les qualités et les défauts de votre manager

Connaissez-vous bien votre supérieur ? Certes, vous le voyez tous les jours, mais votre jugement peut être faussé par un double effet de brouillage :

- ✔ vos expériences antérieures plus ou moins heureuses avec d'autres managers ;
- ✔ la projection sur lui d'idées ou de sentiments qui sont en fait les vôtres, tels l'agressivité ou le ressentiment.

À ce phénomène, s'ajoute le fait que votre chef cherche à cacher ses faiblesses derrière un masque. Pour y parer, faites la part des choses.

✔ ***Un bon moyen consiste à dresser la liste des dix principales qualités et des dix principaux défauts que vous prêtez à votre manager***, en usant de mots très précis. Dans cette liste, vous pointerez peut-être des contradictions. Cela veut dire que les situations auxquelles vous avez pensé ont révélé chez lui des traits de caractère différents. Ou bien alors, c'est que vous-même éprouvez des sentiments ambivalents à son égard et qu'il faut creuser.

✔ ***Vous repérerez ensuite chez lui ce qui vous frappe le plus au quotidien.*** Sa façon d'exercer son

Mémento

Un bon manager :

- → sait écouter ;
- → reconnaît les compétences ;
- → accepte les différences ;
- → donne des ordres clairs ;
- → alloue des moyens ;
- → sait motiver et féliciter ;
- → voit et fait voir le côté positif ;
- → dit la vérité sans brutalité ;
- → apprécie un résultat ;
- → prend part aux difficultés d'autrui ;
- → ne se laisse pas embobiner par les malins ou les fainéants ;
- → fait grandir ses collaborateurs ;
- → sait se séparer correctement de quelqu'un, etc.

autorité, d'abord. N'est-ce pas ce qui vous affecte le plus ? Autoritaire, démocrate ou laxiste, décide-t-il seul ou avec plus ou moins de concertation ?

✔ ***Appréciez ensuite ses compétences relationnelles*** (dans les réunions, les entretiens, l'établissement des plannings...). Vous établirez une sorte de score sur quelques items significatifs (cf. encadré ci-contre).

✔ ***Procédez de même avec ses capacités managériales*** (sait trancher, définir des objectifs, entraîner, etc.). Vous aurez déjà dessiné une silhouette assez ressemblante, avec laquelle il vous faudra cohabiter et composer.

Conseil pratique

Informez-vous sur le cursus de votre chef !

Votre manager en sait beaucoup sur vous. Mais vous, bien peu sur lui. Alors, pourquoi ne pas vous renseigner ? Cela vous permettra d'être à jeu égal sur un plan humain et de mieux vous positionner face à lui.

Ainsi, vous éviterez de le blesser inutilement et vous aurez des éléments pour engager le dialogue.

Son CV vous en apprendra déjà beaucoup. Ce qui vous intéresse, c'est de cerner l'épaisseur du personnage, sa motivation, les qualités mises en œuvre dans son parcours professionnel, ses choix, ses échecs et ses réussites. En connaissant son école d'origine, les postes occupés et ses autres employeurs, vous cernerez aussi ses réseaux.

Autre point capital, mesurez son goût pour la mobilité professionnelle et ses ambitions de carrière. Cela éclairera ses comportements actuels.

Comment réussir à glaner ces informations ? Vous pouvez vous renseigner auprès de votre manager directement si la conversation s'y prête et sans l'importuner par un afflux de questions.

Vous pouvez également vous renseigner auprès des autres collaborateurs, à condition d'agir avec tact et de vous assurer de la véracité de leurs informations.

Section 3

Repérez à quel type de manager vous avez affaire

Votre manager n'est pas tout d'une pièce. Cependant, il possède des qualités et des défauts intrinsèques et constants qu'il est utile de connaître. Disposer des clés pour le comprendre vous évitera de subir la situation. Au contraire, vous anticiperez ses réactions pour mieux maîtriser le cours des choses.

❶ Déterminez le type de personnalité de votre manager

Cet exercice est particulièrement délicat. On ne s'improvise pas *profiler* de hiérarchiques ! Il existe toute sorte d'ouvrages ou de grilles d'analyse, dressant des typologies plus ou moins grossières. Il ne s'agit pas de tomber dans la caricature, mais de repérer des traits de caractère qui donnent de sérieuses indications.

✔ ***Identifiez le profil psychologique de votre manager.*** Si tout se passe bien avec votre supérieur, vous n'avez aucune question à vous poser. En revanche, quand la relation se bloque ou se gâte, il peut vous être utile d'en savoir plus. Dans *Comment gérer les personnalités difficiles* (un ouvrage incontournable pour approcher des psychologies complexes écrit par les psychiatres/psychothérapeutes François Lelord et Christophe André chez Odile Jacob), les auteurs décryptent dix types courants.

Parmi eux, retenons quatre profils, assez répandus chez les managers :

– ***les anxieux :*** ils éprouvent un stress trop intense au regard des soucis du quotidien, avec une tension physique permanente. Ils guettent tout ce qui pourrait mal tourner ;

– ***les obsessionnels :*** ils sont perfectionnistes, obstinés, souvent froids dans leurs relations. Habités par le doute, ils ont du mal à prendre des décisions et ont beaucoup de scrupules ;
– ***les narcissiques :*** ils ont le sentiment d'être hors du commun et de mériter plus que les autres. Préoccupés par des ambitions de succès, ils savent exploiter leur entourage. Ils s'attendent à des privilèges, sans rien donner en retour, et peuvent se mettre en colère ;
– ***les hystériques :*** ils cherchent à attirer l'attention et passent rapidement d'un sentiment à l'autre. Ils idéalisent ou dévaluent exagérément les membres de leur entourage.

✔ ***Repérez le style de management de votre supérieur.*** Les styles de management les plus connus sont au nombre de quatre ; ils sont liés au concept américain de « management situationnel » enrichi en France par Insep Consulting :

– ***le mode directif :*** le manager structure. Il donne des instructions précises, parle beaucoup et écoute peu. Très organisé, il contrôle de près l'exécution des tâches ;
– ***le mode persuasif :*** le manager entraîne. Il explique davantage les décisions, valorise les projets, sollicite les suggestions, expose ses convictions, fait confiance, répond aux objections et encourage les progrès ;
– ***le mode participatif :*** le manager associe et épaule. Il facilite et encourage les efforts, conseille, négocie en dosant l'acceptable et l'inacceptable, partage la responsabilité de la prise de décision ;
– ***le mode délégatif :*** le manager responsabilise. Il délègue des

Témoignage

Le féminin face au masculin

Monique est responsable de recouvrement chez un ascensoriste. Dans son agence elle est la seule cadre manager parmi un groupe de 70 collaborateurs fixes, qui compte 12 femmes seulement.

« Pour négocier un point de désaccord avec mes supérieurs (tous des hommes), c'est complexe. Mes collègues masculins, eux, n'hésitent pas à entrer directement dans leur bureau, et vont droit au but. Mais moi, je suis obligée de biaiser. Je dois défendre mes idées avec beaucoup plus de diplomatie, en passant d'abord par le biais d'un sujet sur lequel ils sont plus réceptifs. C'est la seule façon pour moi d'être écoutée et entendue dans la discussion. Je dois toujours les rassurer explicitement sur leur pouvoir... »

missions en confiance, apporte un soutien indirect, contractualise le suivi des résultats, favorise l'évolution des méthodes de travail, accorde le droit à l'erreur.

Le concept « situationnel » part du principe que le leader doit adapter son comportement en fonction de deux facteurs : le degré d'autonomie de ses collaborateurs, et la nécessité d'atteindre en priorité ses objectifs. Donc, idéalement, son style fluctuera. Cependant, c'est souvent le style spontané du manager qui domine par-delà les situations. Il correspond alors à un trait de caractère.

On peut y ajouter trois profils : le paternaliste (encadre de près et veut se faire aimer), le laxiste (laisse faire les événements et est plutôt bureaucrate) et le pervers (veut décider de tout et est très personnel). Là encore, de multiples combinaisons et d'autres typologies existent.

2 Évaluez la capacité de distanciation de votre manager

Idéalement, un chef doit savoir se dominer. Cependant, les fragilités d'un individu se révèlent ou s'exacerbent après une promotion, parce qu'elles sont plus exposées.

Il est essentiel d'évaluer le recul que votre supérieur prend par rapport à quelques sentiments clés qui peuvent l'habiter. Mal maîtrisés, ceux-ci rejailliraient sur l'équipe et vous-même. Et dans ce cas, il vous incomberait d'en prévenir ou d'en gérer les effets néfastes.

Parmi ces sentiments clés, on peut citer par exemple :

- ✔ l'ambition ;
- ✔ le goût de la domination ;
- ✔ la vanité ;
- ✔ la culpabilisation d'autrui ;
- ✔ la jalousie ;
- ✔ l'anxiété ;
- ✔ l'agressivité ;
- ✔ l'insécurité.

Vous aurez un bon outil de mesure en observant la puissance de la dénégation ou de la dérision manifestée par votre chef sur des points qui touchent à ses sentiments. Plus elle est forte, plus son affectivité domine.

Un autre bon repérage consiste à apprécier sa maturité émotionnelle : c'est une constante chez les managers jugés les plus efficaces. Retenez ses cinq déclinaisons principales, dont une ou deux d'entre elles suffisent à signaler un supérieur équilibré :

- ✔ ***le goût de l'existence :*** passionné de tout, il a une large gamme d'intérêts et aime prendre des risques ;
- ✔ ***une liberté à l'égard des normes :*** quitte à passer pour individualiste, il sait préserver son originalité. Doté d'une tranquille assurance, il a une vie intérieure intense. Il apaise ;
- ✔ ***des relations positives :*** il met à l'aise, amenant les autres à dire ce qui leur semble très compliqué. Du coup, ils se sentent compris et appréciés ;
- ✔ ***l'acceptation de soi :*** direct, spontané, simple, il est lucide sur lui-même et son entourage. Bien dans son milieu, il accepte la réalité telle qu'elle est ;
- ✔ ***le sentiment de se prendre en main :*** voulant maîtriser son destin, il regarde la vie de l'extérieur. Il assume ses échecs mais supporte mal qu'une instance supérieure le contrôle.

Vous avez probablement affaire à un supérieur dont la réalité humaine est plus complexe, avec un peu de ceci, ou un peu de cela. Le dosage est subtil et unique.

Mémento

Les trois visages du pouvoir

→ La domination : physique ou morale, elle s'exerce sur des individus dispersés (à dessein), donc fragilisés dans une éventuelle résistance. Ses formes peuvent être la menace, le chantage, l'arbitraire, jusqu'au harcèlement. Elle suscite l'obéissance et la peur.

→ L'autorité : elle naît du prestige d'un individu qui incarne des valeurs reconnues du plus grand nombre, et confine au charisme. La légitimité est alors naturelle. Elle suscite l'assentiment, du respect au fanatisme.

→ La gestion : reposant la division rationnelle du travail, elle est déléguée par tous à un seul ou à plusieurs. Cette délégation est temporaire, limitée à certaines tâches. Elle suscite un consentement raisonné.

Section 4

Créez votre style en fonction des caractéristiques de votre supérieur

Composer avec votre supérieur est incontournable. Vous devez faire avec ! Cependant, il a son propre style. Vous en avez désormais une idée précise. À vous maintenant de trouver le vôtre sans renier ce que vous êtes ! Il se régulera au fil du temps et de votre histoire. Mais prenez conscience que cela exige un important travail d'introspection et de remise en perspective.

❶ Faites le point sur vous-même

Il s'agit de mesurer vos forces et de préparer le terrain avant d'agir. Vous ne serez jamais aussi lucide sur votre relation à votre supérieur que si vous arrivez à savoir qui vous êtes. Il faut absolument démêler ce qui vient de vous et ce qui vient de lui.

✔ ***Première étape : mesurez en quoi vous pouvez compter sur vous-même.*** Quelles ressources internes vous aideront à faire face à votre manager ? Quels sont vos atouts ? Quelles sont vos faiblesses ?

C'est évidemment difficile d'être objectif sur soi-même… Menez donc l'enquête auprès de vos amis. Puisez aussi dans vos expériences passées pour identifier là où vous avez mis en œuvre vos qualités, dans quel contexte, de quelle façon et avec quels résultats. Si vous êtes combatif, il est sans doute prudent de voir dans quelle situation vous avez intérêt à monter au créneau. Quant à vos défauts, ces mêmes amis peuvent confirmer ce que vous savez déjà.

✔ ***Deuxième étape : évaluez vos ressources externes.*** Identifiez qui vous aidera à supporter le choc de difficultés ou d'un conflit éventuel avec votre supérieur hiérarchique et dans quel confort psychologique vous évoluez (famille, amis, proches du premier ou du second cercle).

Sur le plan personnel, sur le plan financier, est-ce une période de votre vie difficile ou pas ? Si c'est le cas, repérez-en le degré de gravité. Comptez aussi vos alliés dans la place ; estimez leur loyauté.

✔ ***Troisième étape : analysez la situation actuelle pour mieux vous projeter dans le futur.*** Surtout, restez dans le présent. Ressasser de vieilles rancunes ne sert à rien. Où en êtes-vous dans votre travail ? Qu'attendez-vous de votre job, de l'entreprise et donc de votre manager ? Quel avenir idéal imaginez-vous pour vous ? Ce sont autant de petits cailloux qui baliseront vos réactions futures…

Conseil pratique

Une mini-enquête sur vous !

La cible ? C'est vous.
Les détectives ? Des personnes de confiance. Surtout prenez soin d'inclure dans votre panel un enfant de 7 à 12 ans, parce qu'il sera spontané, juste. Confiez-leur la mission de noter sur un bout de papier, du format d'une carte de visite, six des qualités principales pour lesquelles ils vous font confiance, avec des mots forts. Et de spécifier pourquoi en une phrase seulement. Ne leur laissez pas plus d'une semaine.
Confrontez les résultats.
Vous verrez, ils se recoupent pour les deux tiers !

❷ Bâtissez une stratégie selon la situation

Il n'y a pas de recette miracle. Tout se passe entre lui et vous, parce que c'est lui, parce que c'est vous. Il vous faudra effectuer du sur-mesure.

✔ ***Maintenant que vous avez repéré ses défauts, demandez-vous si, dans l'interaction personnelle qu'ils ont avec vous, ceux-ci ne peuvent pas devenir des qualités*** si vous en faites un levier d'action. Exemples : il est fort brouillon (cela vous agace sans doute) mais c'est une occasion pour vous d'agir en organisateur et de vous rendre indispensable. Il est inquiet, mais vous trouverez sans doute un bon moyen de le rassurer, même si vous êtes vous-même inquiet, car la forme de l'inquiétude et ses motifs seront différents…

✔ ***Il est donc bon de dresser à nouveau une liste des qualités et des défauts de votre supérieur selon trois catégories :***

- ceux qui vous affectent, mais ne sont embarrassants que pour vous (ils touchent à une blessure) ;

– ceux qui vous affectent mais sont également embarrassants pour lui (incapacité à décider) ;
– ceux qui sont plus embarrassants pour lui que pour vous (le cas du « brouillon »).

✔ ***Face aux personnalités difficiles, quelques attitudes préconisées par les thérapeutes peuvent se révéler plus opérantes que d'autres :***

– face à un anxieux : montrez-lui que vous êtes fiable et aidez-le à relativiser. L'idée, c'est de l'amener à imaginer les conséquences réelles d'une action ratée, par exemple, et de prévoir une autre solution. Soyez rassurant. Vous pouvez aussi pratiquer l'humour gentil. Évitez en revanche de le surprendre ;
– face à un obsessionnel : appréciez sa rigueur, respectez son besoin de prévoir et d'organiser. Vous pouvez émettre des critiques, mais précises et mesurées. Surtout, restez fiable et prévisible. La nouveauté l'inquiète ;
– face à un narcissique : approuvez-le quand il est sincère, expliquez-lui les réactions des autres et mettez-y les formes. Surtout, prenez du recul. Pas d'opposition systématique et renoncez au donnant-donnant, vous seriez déçu ;
– face à un hystérique : vous assisterez à de la dramatisation, à des scènes, alors fixez des limites. Ne vous laissez pas attendrir, ni émouvoir. Restez vous-même.

Pour aller plus loin

Et si vous étiez complémentaire ?

Avoir un supérieur hiérarchique ne veut pas toujours dire rapports compliqués. Parfois, les personnalités ou les expériences d'un manager et d'un collaborateur s'accordent très bien.

→ L'avantage : une complicité évidente. Tout va alors plus vite. Les rôles se partagent naturellement. La confiance est là.

→ L'inconvénient : vos collègues risquent de se sentir exclus et de vous en vouloir. Attention au phénomène « chouchou » ! Soyez-en conscient, car ce sont eux, alors, qu'il vous faudra gérer.

La complémentarité peut se situer au niveau des compétences techniques. Votre manager est choisi pour cela. Chacun est alors concerné. La coopération devient une obligation, sinon, l'équipe ne fonctionne pas.

Et vous, où en êtes-vous ?

Dressez le « portrait-robot » de votre manager

Jouez au jeu de la vérité en étant honnête avec vous-même. Si vous deviez dresser le portrait psychologique de votre manager devant un ami, que mettriez-vous en évidence ?

→ Sa personnalité en quelques phrases.

→ Ses trois principales qualités.

→ Ses trois principaux défauts.

→ Ce qu'il pense à mon avis de moi (ma personnalité) en quelques mots.

→ Ses réactions les plus courantes face à l'imprévu.

→ Ses principales références (à quoi a-t-il recours quand il veut avoir raison ?).

→ Ce envers quoi il est le plus sensible.

→ La façon dont il aborde un problème qui lui est posé.

→ Ce qui le met en colère.

→ Ce qui lui fait plaisir.

→ Ce dont il a horreur.

→ Ce qui le fait hésiter.

→ Ce qui le motive.

→ Ce envers quoi il a confiance.

→ La façon dont il prend ses décisions.

Pour connaître le résultat de votre autoévaluation, reportez-vous page 116.

L'essentiel

MANAGER SON MANAGER, C'EST D'ABORD DRESSER UN ÉTAT DES LIEUX DU TERRAIN OÙ VOUS ÉVOLUEZ ET CARACTÉRISER LA RELATION QUE VOUS AVEZ NOUÉE. VOUS AUREZ ALORS DE SOLIDES PRISES POUR MANŒUVRER ENSUITE.

1 INVERSEZ DANS VOTRE ESPRIT LA RELATION MANAGER/MANAGÉ

Se libérer de l'idée d'un lien de subordination écrasant et constater que la relation n'est pas unilatérale. Le managé a des atouts pour s'imposer même dans un cadre contraint.

2 IDENTIFIEZ LES POINTS DE CONTACT FACILES

Repérer des zones de convergence pour créer une bonne base de départ autour de la confiance. Elle servira de base de repli en cas de turbulences.

3 MESUREZ VOS FORCES PSYCHOLOGIQUES

Apprendre à se connaître et estimer ses limites avant de se positionner face à l'incarnation d'un pouvoir.

4 ADAPTEZ-VOUS AU CONTEXTE

Décrypter le fonctionnement de l'entreprise et la personnalité de son supérieur afin d'en tenir compte dans une stratégie professionnelle.

❑ ***Notes personnelles***

Chapitre 2

Rassurer son manager par un contrat de confiance

Objectifs du chapitre

- ✗ Cadrer le lien manager/managé.
- ✗ Exprimer ses attentes professionnelles.
- ✗ Nouer une relation authentique.

Section 1

Clarifiez vos missions

En contribuant aux résultats de votre service, vous serez jugé sur vos performances. Il est dès lors fondamental de mettre à plat avec votre manager les bases de votre travail pour le court et le long terme. L'idée étant d'arriver à des définitions communes afin d'éviter tout malentendu ou toute manipulation ultérieure.

❶ Osez négocier les objectifs et les moyens associés

Tomber d'accord sur les objectifs et les moyens associés à un projet ou une mission, c'est se donner les meilleures garanties d'une relation de confiance entre vous et votre supérieur. Vous écarterez des litiges éventuels, tout en donnant du sens à votre travail. Et cela dépend en partie de vous…

✔ ***Calez les objectifs quantitatifs.*** Usuels partout, les objectifs quantitatifs sont faciles à évaluer et à caler. Toutefois, veillez à vous accorder sur des échéances. Votre préoccupation se résumera en une phrase : quels sont les résultats attendus et pour quand ? Osez aussi aborder les obstacles à leur réalisation, car accumulés ils entraveront votre réussite.

✔ ***Surveillez les objectifs qualitatifs.*** Touchant au savoir-être, ils sont plus complexes à définir. Le point crucial reste la façon de mesurer les

Pour aller plus loin

Les objectifs

Pour garantir leur cohérence, négociez des objectifs SMAC :

→ S comme spécifique : l'objectif doit être adapté à la personne et détaillé dans son contexte.

→ M comme mesurable : l'objectif s'évalue sur des faits, dans le temps, en quantité et en qualité.

→ A comme accessible : l'objectif est ambitieux, motivant mais réalisable (à 80 % en gros).

→ C comme compatible : l'objectif est logique dans sa progression, conciliable avec la stratégie de l'entreprise et/ou l'environnement personnel.

progrès effectués sur une courte période. Restez vigilant, pour ne pas vous laisser imposer n'importe quoi. Votre manager peut (de bonne foi) attendre de vous plus de souplesse dans vos relations, plus de réactivité. Mais il restera, souvent à son insu, imprécis sur ce qu'il attend de vous. Faites-lui donc expliciter sa pensée.

✔ ***Demandez des ressources adéquates et suffisantes.*** Cela paraît basique. Mais si vous n'avez pas les moyens de tenir vos objectifs, vous courez à l'échec. Il vous faut des ressources matérielles, un budget, mais aussi des hommes, du temps, de l'espace, voire une formation.

✔ ***Ne marchandez pas, exprimez votre position.*** Si vous contestez les objectifs fixés, ou les moyens alloués, écoutez le point de vue de votre supérieur et exprimez ensuite votre façon de voir calmement.

❷ Assurez-vous de la mise en place d'un mode de reporting et de contrôle

Vous n'avez guère envie d'avoir votre manager sur le dos, ni de découvrir abruptement qu'il vous reproche de faillir à votre tâche, sanctions à la clé. La seule façon de prévenir ces mésaventures reste de déterminer un mode de reporting adapté, soit un mini-rapport régulier sur vos tâches.

✔ ***Le reporting doit donner une bonne visibilité de votre activité à votre supérieur.*** Il s'agit de faire une synthèse et non pas d'aller dans tous les détails. N'entrez pas dans le jeu d'un manager obsessionnel.

✔ ***Le reporting doit avoir un rythme adapté à votre mission.*** Trop fréquent, il frise le surcontrôle et risque de vous enfermer dans une relation infantilisante ; trop distancié, il vous empêchera d'ajuster votre travail au fil de l'eau, au risque de vous enfoncer dans l'erreur.

✔ ***Le reporting doit être plus ou moins formalisé.*** Il s'effectue à distance, par mail ou téléphone, en face à face, mais avec un document écrit pour avoir une trace, une simple note peut suffire.

✔ ***Le reporting permet à votre manager de vous contrôler.*** Mais il doit également vous permettre d'aborder avec lui vos difficultés éventuelles et de vivre ce moment comme un bilan d'étape constructif.

Pour aller plus loin

Comment décrypter les phrases à double sens

Un manager use parfois de formules faciles qui jettent un doute sur ses intentions. Vous forcerait-il la main ? Ne soyez pas impressionné. Contre-argumentez par du concret.

Exemples de dialogues :

→ Ce travail est faisable, il est à votre portée !
Certainement, mais j'aimerais pouvoir compter sur l'expertise de l'informaticien.

→ M. Untel s'en est très bien sorti l'an passé.
Il est alors utile que je le contacte.

→ Je serai là pour vous aider.
Peut-on déjà prendre date pour en parler ?

→ C'est le grand patron qui veut accélérer les choses.
J'imagine qu'il l'a exprimé en séminaire ou qu'il a diffusé une note.

→ Allez-y, il faut montrer que vous savez vous adapter.
Je souhaiterais en savoir plus sur les contraintes de la mission.

→ Oui, oui, j'en parlerai au directeur de la division.
J'aimerais bien avoir un retour de ce qu'il vous a dit.

→ L'an prochain, c'est sûr, les choses iront beaucoup mieux.
Vous avez déjà de bons résultats ? Quels sont les projets en cours ?

❸ Élaborez conjointement un système de reconnaissance

Il est primordial d'en discuter car la reconnaissance est liée aux résultats que vous obtiendrez. Faites comprendre à votre manager que vous serez d'autant plus performant et motivé que vous aurez une « carotte » !

✔ ***Il faut aborder les choses avec diplomatie mais fermeté.*** C'est un principe de base pour avoir, au minimum, un échange avec votre supérieur sur le sujet… Vous recueillerez des informations précieuses sur ses marges de manœuvre et les espaces de négociation possibles.

✔ ***La reconnaissance ne passe pas obligatoirement par une augmentation de salaire.*** Il s'agit de décider en commun quoi récompenser et de quelle manière : l'atteinte ou le dépassement des objectifs, assortis de primes, bonus, avantages (voiture de fonction, souplesse horaire, séances de coaching, etc.) ou début d'évolution professionnelle.

✔ ***Le tout doit être proportionné à vos mérites.*** Là encore, ne restez pas sur de vagues promesses, quitte à rabaisser un peu vos prétentions.

Et vous, où en êtes-vous ?

Savez-vous travailler dans un cadre clair avec votre manager ?

En vous concentrant sur les relations qui se sont installées entre votre manager et vous, répondez aux questions suivantes. L'analyse des réponses vous permettra de clarifier votre mode de fonctionnement avec votre manager.

		Oui, plutôt	Non, pas vraiment
1	Je connais clairement mes objectifs de résultat.		
2	Je sais les comportements que mon manager attend de moi.		
3	J'ai déjà clarifié à mon manager les ressources et les moyens dont j'ai besoin pour réussir.		
4	Mon manager connaît mes opinions sur ma mission et mes objectifs.		
5	Les modalités de reporting avec mon manager sont claires et précises.		
6	Le rythme du reporting est adapté selon moi au travail.		
7	Je peux clairement aborder avec mon manager les difficultés que je rencontre.		
8	J'arrive à négocier en cas de désaccord sur les objectifs et les moyens.		
9	J'estime être correctement récompensé pour le travail que je produis.		
10	J'ai l'occasion de parler de mes motivations et de mes attentes à mon manager.		
11	Je constate que ma situation évolue dans le sens que je souhaite.		
12	Je parle volontiers d'avenir avec mon manager.		
13	J'aborde ce que j'attends de lui.		
14	Je sens la franchise dans notre relation.		
15	Je formule des priorités et les défends.		

Pour connaître le résultat de votre autoévaluation, reportez-vous page 116.

Section 2

Explicitez à votre supérieur ce que vous attendez de lui

Votre manager ne peut pas deviner vos attentes, pas plus qu'il ne devancera vos désirs. À vous de les exprimer ! Fixez-vous cette règle ; sinon on pourrait vous reprocher votre passivité. En outre, le prix d'un tel silence équivaut à vous morfondre dans votre coin et à supporter des décisions qui ne vous conviennent pas ; ce qui gâte inévitablement la relation manager/managé…

❶ Déterminez quelles sont vos envies professionnelles

Tout le monde a des objectifs personnels et des désirs. Vous avez le droit de vouloir évoluer, de « faire carrière ». Seulement soyez bien au clair avec vous-même… Si le rôle de votre manager est de vous aider à « grandir », vous restez le mieux placé pour prendre en main votre évolution professionnelle.

✔ ***Faites le point sur vos motivations.*** Elles sont la clé de voûte d'une solide relation avec votre hiérarchie. Tout part et tout revient à elles. Faites une pause pour y réfléchir.

D'une part, cela vous permettra de rester en phase avec vous-même (il arrive encore souvent qu'on se mente à soi-même…). D'autre part, vous saurez ajuster vos prétentions pour l'avenir.

Demandez-vous ce que vous souhaitez vraiment au fond de vous (ne vous autocensurez pas, tout est respectable, sauf ce qui est illégal) :
- gagner plus d'argent ?
- accroître votre notoriété ?
- prendre des responsabilités ?
- avoir du pouvoir ?

– avoir la liberté de créer ?
– développer une expertise ?
– pouvoir entreprendre ?...

✔ ***Assumez vos envies.*** Celles-ci s'affirment au cours du temps. Reconnaissez-les quand elles arrivent, sans vous laisser submerger ; elles sont légitimes. Vous pouvez avoir des envies inavouables : avoir en vue la place d'un manager par exemple... Cela ne signifie pas pour autant que vous souhaitez l'évincer. Vous pouvez être intéressé par d'autres pistes, gardez-les en mémoire, pour saisir d'éventuelles opportunités.

✔ ***Donnez-vous des priorités.*** Vous allez vous heurter très vite au principe de réalité. Il s'agit de freiner vos élans et de repérer comment agir dans le présent, pour avancer marche après marche vers votre but : étendre peu à peu vos responsabilités, étoffer votre réseau, proposer une nouvelle activité, etc.

Conseil pratique

Restez crédible dans votre job !

➜ Vous avez des ambitions, soyez à leur hauteur ! Vous rêvez d'un poste de chef de projet ? Songez déjà à arriver à l'heure et à respecter les délais.

➜ Soignez aussi la cohérence entre vos discours et vos actes. Restez fiable dans la qualité de votre travail. Sinon, vous aurez beau avoir les compétences techniques requises, vous peinerez à convaincre votre hiérarchie.

➜ Autre point capital : ne critiquez pas votre entourage à tour de bras. Si vous voulez rester dans l'entreprise, la loyauté est un point sensible.

Attention ! « Loyauté » ne veut pas dire « servilité », mais « fidélité à ses engagements » dans une logique de réciprocité bien comprise entre votre supérieur et vous.

❷ Profitez des entretiens pour faire le point avec votre manager

Chacun n'a-t-il pas un peu le manager qu'il mérite ? Votre part de responsabilité consiste notamment à lui dire ce que vous attendez de lui. Cela l'amènera à réfléchir, mais à condition de ne pas aborder les choses frontalement et de ne pas avoir de gros différents ou incompatibilités.

Aujourd'hui, les occasions d'échanger avec son manager ne manquent pas : entretiens d'évaluation, entretiens professionnels, bilans d'étape, jalons de projet. Profitez-en pour leur donner un contenu qui ait du sens pour vous. Faites preuve d'autonomie et de « proactivité ».

Mémento

Proactif et réactif

« Proactivité » est un terme en vogue. Ce néologisme utilisé dans le domaine technique est passé dans le langage du management. Avec son adjectif « proactif », ils se définissent au regard du terme « réactivité ».

L'individu proactif	L'individu réactif
L'individu proactif prend des initiatives, innove, anticipe des changements dans sa relation avec un système ou avec un autre individu. Il sait ce qu'il veut, il réfléchit avant d'agir, il reste maître de lui. La démarche part de soi, de l'intérieur vers l'extérieur.	L'individu réactif est davantage spontané et instinctif. Il est influencé par le temps, le comportement des autres, les aléas de l'existence et ses émotions immédiates. Il évalue vite les événements et réagit. La démarche part de l'extérieur, pour aller vers l'intérieur, soi-même.
→ L'atout : choisir ses propres réponses.	→ L'atout : saisir l'instantané, précieux en cas de crise.
→ Le risque : se méfier de ses intuitions fugitives	→ Le risque : subir son environnement et être déstabilisé.

✔ ***Prenez la main pour échanger sur vos perspectives d'avenir.*** Soyez exigeant avec vous-même. Ne vous contentez pas d'une récapitulation classique de vos activités des mois écoulés. Certes, votre supérieur et vous discuterez des axes de progrès dans votre travail et des formations souhaitables. Mais il ne tient qu'à vous d'aller au-delà du court terme et d'enrichir le dialogue. Posez des jalons pour le futur.

Ayez une discussion franche, soyez vous-même, authentique, même si vous n'abattez pas toutes vos cartes. Vous sonderez ainsi les possibilités d'évolution, ce qu'en pense votre manager et quelle est la meilleure manière de procéder. De toute façon, vous serez ensuite plus à l'aise dans vos rapports avec lui.

✔ ***Osez formuler vos attentes en termes de management.*** Sachez que les managers sont plutôt demandeurs de ces indications. Grâce à elles votre supérieur vous comprendra mieux ; en prime, cela augmentera sa confiance en vous…

Par conséquent, distinguez bien ce qu'il peut faire pour vous :

- reconnaître votre potentiel et vous appuyer en interne. Un rôle capital dans le cadre d'une évolution (promotion, candidature à un poste…). Il défendra aussi vos intérêts auprès des strates supérieures dans la mesure où ceux-ci coïncident avec ceux du service ;
- agir positivement au quotidien. Idéalement, il faut qu'il sache écouter, jouer les arbitres et trancher ; mais aussi organiser prévoir, rester équitable, payer de sa personne, dire quand et où cela va ou cela ne va pas. Votre manager n'est pas un surhomme, mais il possède sûrement l'une ou l'autre de ces qualités. Et il peut très certainement en développer une seconde ;
- répondre à vos besoins, à un moment donné. À savoir, vous accorder davantage de soutien et de suivi sur un dossier sensible par exemple, ou plus de liberté pour mener un projet. Sur un autre registre, sa façon de s'adresser à vous peut être trop brusque ou trop laxiste. Il ne s'en rend pas forcément compte.

Alors, pourquoi ne pas en parler ? Profitez des entretiens formels. Appuyez-vous sur du vécu, avec des formules introductives qui vous impliquent vous. Dire « je » évite en effet d'accuser l'autre. Exemples : « J'aimerais bien… », « J'envisagerais… », « J'ai le sentiment que cela serait mieux si… », etc. Un exercice qui vous en apprendra, vous aussi, davantage sur lui…

Conseil pratique

Des mots pour convaincre

La tournure de vos phrases, le choix de vos mots, vous aideront à vous exprimer avec naturel et efficacité.

Dans tous les cas privilégiez :

➜ les verbes actifs (aller, faire…), aux verbes passifs (être, devoir…) ;

➜ les formules positives (voulez-vous ?), aux formules négatives (ne voulez-vous pas ?) ;

➜ la certitude (je peux), au doute (je crois que…) ;

➜ le factuel (circonstancié), aux généralités (souvent, jamais…) ;

➜ le « je » ou le « nous » qui impliquent, aux « on » ou aux « ils », trop neutres ;

➜ les termes précis, à ceux qui amoindrissent (un peu, certain…) ;

➜ les souhaits précis, aux « mots noirs » (ennui, danger, souci…).

Section 3

Accordez-vous sur un mode de fonctionnement

Votre tandem peut être parfaitement huilé, il ne marchera bien que si vous trouvez un rythme en commun, qui respecte les intérêts de chacun. Avec des temps de pause, d'accélération ou de décélération. Vos besoins ne sont pas identiques à ceux de votre voisin de bureau.

❶ Déterminez ensemble des moments de mise au point

Ces moments ne sont pas superflus. La pratique montre que les rendez-vous classiques ne suffisent pas à régler les problèmes. Dans l'intervalle, vous aurez besoin de conseils, de recadrages. Mieux vaut donc les prévoir.

Trois facteurs sont en effet à prendre en considération :

✔ d'abord votre manager n'est pas toujours disponible et il a aussi besoin de s'isoler ;

✔ de votre côté, vous n'allez pas ruminer des doutes ou des frustrations face à des difficultés ponctuelles ;

✔ enfin votre manager peut avoir un retour peu agréable à vous faire à l'instant T sur votre travail et il recule. Si vous le pressentez, il faut aller aux nouvelles afin de redresser la barre.

Fixez donc avec lui de bonnes règles de fonctionnement, surtout s'il n'est pas d'un abord facile, de par sa fonction ou de par son caractère. Vous montrerez du même coup que vous êtes capable d'instaurer une relation d'adulte à adulte et qu'il peut compter sur vous.

✔ ***Mettez-vous d'accord sur le principe d'échanges informels.*** Vous pouvez voir votre manager dès que vous en ressentez le besoin.

Vous y serez d'autant plus détendu le cas échéant et vous éviterez de le déranger pour des broutilles.

✔ ***Mettez en place des codes.*** Si la porte est fermée, ne la forcez pas. Certains hiérarchiques ont mis au point un système de feu vert ou feu rouge, pour indiquer si la voie est libre ou non. Un Post-it « ne pas déranger » collé sur sa porte sera tout aussi efficace.

✔ ***Prenez rendez-vous pour les sujets majeurs.*** S'il a une assistante, passez par elle en indiquant l'objet du rendez-vous et sa durée prévisible. Un mot clé, signifiant, fera l'affaire. S'il gère lui-même son planning, passez par lui. En outre, vous avez sûrement repéré si vous pouvez montrer votre tête plutôt le matin, ou plutôt le soir. Il a ses habitudes, servez-vous en.

Conseil pratique

Du bon usage des mails avec la hiérarchie

Pas la peine de bombarder votre manager de mails. Cela risque de l'indisposer.

En tout cas, soyez très précautionneux :

➔ ne confondez pas un échange de mails avec un face-à-face ;

➔ ne fuyez pas vos responsabilités par cette voie ;

➔ évitez de solliciter un rendez-vous, les mails sont lus plus ou moins vite ;

➔ n'abusez pas des « accusés de réception », c'est votre manager ;

➔ méfiez-vous du langage parlé et des fautes d'orthographe ;

➔ écartez tout jugement de valeur, cela laisse des traces ;

➔ prohibez les mails « parapluie » destinés à vous couvrir, cela vous décrédibilise ;

➔ évitez d'envoyer une copie au manager de votre manager, sans en avoir averti le second.

❷ Concluez ensemble un « pacte de management individualisé »

Vous avez franchi toutes les étapes précédentes, vous êtes mûr, et votre manager aussi, pour personnaliser davantage encore votre relation de travail.

Il s'agit d'approfondir des points sensibles à vos yeux, des avantages matériels spécifiques, votre champ d'autonomie, vos conditions de travail. Vous avez des attentes particulières à un moment donné en termes d'horaires, de modes de travail (à distance par exemple), de modes d'affectation (être rattaché à X plutôt qu'à Y), de prise de congés (périodes inamovibles).

Pour aller plus loin

Le contrat psychologique anglo-saxon

Dès les années 1960, les spécialistes anglo-saxons du travail ont identifié un ensemble de droits et devoirs liant ouvriers et contremaître, relevant de perceptions partagées et non pas d'un contrat écrit. Le *psychological work contract* recouvre ainsi des promesses et des demandes non exprimées, mais tacitement respectées par les deux parties. Une sorte de contrat moral important pour les salariés, mais sans aucune valeur juridique. Si un élément de ce contrat change – un patron apprécié s'en va, la société déménage s'éloignant géographiquement du domicile, etc. – c'est la relation au travail qui est affectée.

Plutôt que de vous soumettre passivement à la règle collective, explicitez vos attentes plus ou moins sous-jacentes du point de vue de votre manager et proposez de négocier des aménagements.

Simplement, pour arriver à vos fins, insistez sur le fait que votre motivation en sera décuplée et suivez quelques principes de bon sens.

✔ ***Des prérogatives acceptables :*** elles ne doivent pas entraver la bonne marche de l'entité, ni dénaturer vos missions. Vous aménagez votre mode de travail, pour des raisons d'organisation personnelle. Mais cela reste compatible avec vos objectifs professionnels et ceux de vos collègues.

✔ ***Des contreparties sérieuses :*** elles sont indispensables. Faire telle tâche que vous aimez, plutôt qu'une autre, éviter les déplacements professionnels, disposer de votre mercredi après-midi sera contrebalancé par des obligations. Celles-ci doivent vous convenir, ainsi qu'au service dans son ensemble.

✔ ***Des éléments négociables pour votre manager :*** il peut y trouver à son tour un avantage substantiel (paix sociale, souplesse de l'organisation) dans une logique gagnant-gagnant. Mais pensez qu'il y a des éléments non négociables pour lui (comme pour vous).

✔ ***Une base évolutive : ce contrat moral reste fragile.*** Il évoluera avec le temps et les circonstances. Vos contraintes privées changent, ou l'entreprise, en pleine fusion ou en développement accéléré, modifie ses règles. De votre initiative, pointez du doigt et rediscutez les termes de cet accord avec votre manager.

Le pacte manager/managé

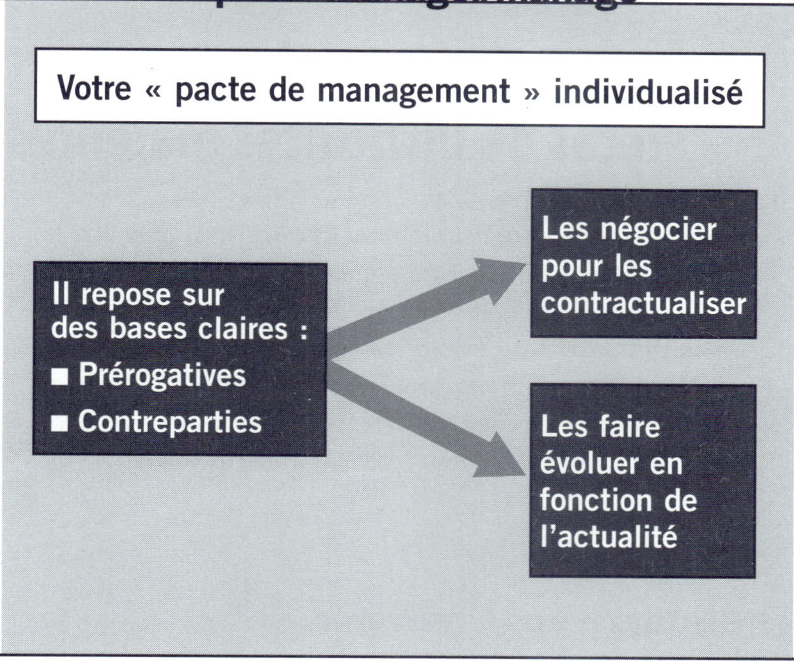

Section 4

Sachez alerter votre manager en cas de difficultés majeures

Étant en permanence sur le front des activités, vous êtes le mieux placé pour jouer les sentinelles. Et c'est votre devoir absolu d'alerter votre patron en cas de dérapages dans le fonctionnement interne ou externe de votre entité (à commencer par vous-même, quand vous croulez sous le travail). La pérennité du service et celle de votre manager peuvent dépendre de votre vigilance… Et vous aurez ainsi consolidé le lien de confiance.

❶ Risquez-vous à prévenir en cas de surcharge de travail

Le cas de figure est classique. Vous êtes débordé, puis dépassé, et le jour d'après complètement noyé sans trop savoir comment vous en sortir, en culpabilisant terriblement d'en être arrivé là…

Dédramatisez. Seulement, vous ne pouvez pas laisser la situation se dégrader. D'abord, parce que vos résultats en pâtiraient et qu'on ne manquera pas de vous le reprocher. Ensuite, parce que votre supérieur est, en théorie, coresponsable de ce qui se passe dans son équipe. Ne rien lui dire, c'est l'entraîner à son insu, sur une voie périlleuse, voire catastrophique. Parler à temps, c'est trouver des solutions ensemble.

✔ ***Première étape : sachez reconnaître quand trop c'est trop.*** Repérez votre seuil de tolérance à la fatigue et au stress ; c' est indispensable, sous peine de craquer (ce qui n'est jamais bon). Vous avez sûrement des signaux personnels qui vous donnent l'alerte : un niveau d'irritabilité qui s'accroît, des oublis fréquents, des moments de panique qui s'installent. Oubliez le regard des autres et l'esprit de compétition. Il faut agir.

✔ ***Deuxième étape : dressez un diagnostic objectif.*** Récapitulez par écrit le processus qui vous a mené au bord de l'asphyxie. Cela vous aidera à prendre du recul et vous listerez ainsi des arguments à fournir face à votre patron.

En revanche, soyez sincère avec vous-même, si vous êtes désorganisé, notez-le, même si vous ne le claironnez pas dans le service. Par exemple, vous avez voulu soulager un collègue ou vous avez découvert trop tard la complexité d'un dossier, etc.

Dans le même esprit, notez des faits, des réalisations, des résultats, des propos factuels, les points qui vous bloquent. Tout ce qui vous permettra d'étayer votre argumentation et de nourrir une sorte de « fil conducteur » pour l'entretien explicatif.

✔ ***Troisième étape : ébauchez des solutions.*** Les idées viendront d'elles-mêmes, mais il faudra leur donner forme et les quantifier : un délai supplémentaire pour un dossier, une aide ponctuelle interne ou externe (intérimaire, stagiaire…), une priorité absolue accordée à tel sujet au détriment des autres, etc.

✔ ***Quatrième étape : allez au devant de votre manager.*** Il vous saura gré de le prévenir bien avant que ne surgissent des difficultés majeures et qu'il ne vous juge comme le maillon faible de l'équipe. C'est important aussi dans le regard des autres. Afin d'être à l'aise durant l'entretien, préparez-vous en pensant : « Je serai content à la fin de l'entretien si… » Exemples : si j'ai évité un conflit, si j'ai négocié de nouveaux objectifs, si j'ai trouvé une solution intermédiaire, etc.

❷ Informez votre supérieur des dysfonctionnements

L'entité dans laquelle vous évoluez peut connaître de sérieux dérapages. Pour des raisons multiples et variées, elle peine à suivre le rythme de l'activité, enregistre des défauts, etc.

C'est souvent le circuit d'information interne qui fonctionne mal, ou bien il y a défaillance ou négligence humaine, de la mauvaise volonté parfois, ou encore des pannes de matériel, avec des conséquences malheureuses : erreurs d'interprétation, pilotage chaotique, retards accumulés, etc.

✔ ***Là encore, quand les symptômes s'accumulent, il est impératif que vous alertiez votre hiérarchie***, et peut-être à plusieurs niveaux, mais à condition de vous préserver…

✔ ***Le seul moyen, c'est d'être transparent avec tout le monde :*** votre manager, son supérieur (n + 2), voire son patron (n + 3). Ayez un seul objectif : informer sans porter de jugement, ni accuser quiconque.

✔ ***Être le messager de mauvaises nouvelles n'est pas facile.*** Comme dans les cas où cela vous concerne, mesurez s'il y a lieu de s'alarmer et établissez un diagnostic objectif. Mais cette fois-ci, trouvez des alliés qui partagent votre ressenti et confirment vos dires. Car vous serez amené à mettre indirectement en cause d'autres personnes.

✔ ***Avant tout, restez très factuel***, on ne pourra pas alors vous en vouloir. Suggérez des solutions en vous montrant solidaire.

Témoignage

Prévenir, c'est guérir…

Marc est ingénieur de production. Il travaille chez un équipementier automobile. Pressé par les exigences des clients, travaillant en flux tendu, il a anticipé des retards sur les délais d'une commande majeure à cause de microproblèmes qualité à résoudre et de l'absence d'un technicien clé dans le processus.
Sans attendre, il prend sur lui d'en parler au responsable d'atelier.
« Je savais que je n'arriverai pas à fournir. J'avais calculé ce que nous coûteraient les cumuls de retard, en argent, en réputation. J'ai proposé deux solutions : embaucher deux intérimaires déjà connus et utiliser les heures supplémentaires. »
Il a donc exposé calmement à son supérieur l'origine des dysfonctionnements, l'urgence de la situation et les conséquences catastrophiques prévisibles. Celui-ci s'est rangé à ses propositions.

Et grâce à sa réactivité, la commande a été livrée à temps.

Et vous, où en êtes-vous ?

Avez-vous réussi à contractualiser correctement votre relation avec votre manager ?

Franchise, liberté, responsabilité, confiance : dans quelle mesure ces valeurs contribuent-elles à la qualité de votre relation avec votre manager ? Pour le savoir, répondez aux affirmations suivantes.

		Oui, plutôt	Non, pas vraiment
1	Je peux voir mon manager dès que j'en ressens le besoin.		
2	Avec mon manager, un simple signe suffit, on se comprend tout de suite.		
3	Je connais les habitudes de mon manager et j'en tiens compte.		
4	J'ai pu aménager mon travail en fonction de critères personnels.		
5	Je respecte le principe des contreparties dans les efforts et les adaptations.		
6	Je cherche à jouer gagnant-gagnant avec mon manager.		
7	Je prends l'initiative sans crainte d'alerter mon manager en cas de forte surcharge de travail.		
8	J'apporte moi-même des solutions possibles aux problèmes que je diagnostique.		
9	J'ose dire que cela ne va pas clairement quand un problème est sérieux.		
10	Je fais preuve de solidarité quand des dysfonctionnements majeurs surviennent.		
11	Je sais reconnaître ma part de responsabilité en cas d'erreur.		
12	Je suis calme dans la tourmente.		
13	Je reste optimiste quand les résultats ne sont pas bons.		
14	Je sais rediscuter et revenir sur des engagements qui ne vont pas dans le bon sens.		
15	J'ai le sens de l'intérêt collectif.		

Pour connaître le résultat de votre autoévaluation, reportez-vous page 117.

L'essentiel

RASSURER SON SUPÉRIEUR, C'EST SE MONTRER RESPONSABLE, CAPABLE DE DÉFENDRE SON POINT DE VUE, MAIS AUSSI D'ÊTRE SOLIDAIRE DANS L'INTÉRÊT COLLECTIF DE L'ÉQUIPE.

1 BÂTISSEZ PAS À PAS LA CONFIANCE ENTRE VOTRE MANAGER ET VOUS

Prendre le temps de s'affirmer sans se précipiter. Il ne s'agit pas de perturber son supérieur en grillant les étapes. Demander son appui si nécessaire.

2 PRENEZ-VOUS EN MAIN

Savoir reconnaître ses désirs et se situer dans l'entreprise, afin d'être crédible dans ses « revendications ». Prendre des initiatives ciblées dans une relation adulte/adulte.

3 DÉFINISSEZ À DEUX LE CADRE DE LA RELATION MANAGER/MANAGÉ

Discuter les points majeurs dans un échange d'intérêts bien compris. Trouver un *modus vivendi* dans le respect des règles de l'entreprise et de l'entité d'appartenance.

4 RESTEZ AUTHENTIQUE

Se montrer sincère et cohérent dans ses actes et ses paroles, la seule façon d'accroître sa légitimité et son prestige aux yeux de son supérieur (et des autres).

5 JOUEZ LA RÉCIPROCITÉ

Défendre ses droits et assumer ses devoirs, c'est un principe de base. Négocier des arrangements n'exclut pas de s'impliquer dans l'équipe.

Chapitre 3

Faciliter la tâche de son supérieur

Objectifs du chapitre

- ✗ Canaliser le stress de son manager.
- ✗ Suggérer des améliorations.
- ✗ Faire preuve d'autonomie.
- ✗ Assumer une délégation.

Section 1

Suppléez votre manager efficacement

Votre chef a aussi ses priorités et un type de fonctionnement tout personnel. Fatalement, son organisation n'est pas irréprochable, mais en vous y prenant bien, vous contribuerez à l'améliorer pour votre confort et celui de l'équipe. Observez-le dans l'action. Tentez de vous mettre à sa place. C'est encore la meilleure façon de détecter en quoi et comment vous pouvez l'épauler.

❶ Apprenez à évaluer son niveau de stress ou d'impréparation

Une bonne appréciation de la situation commence par là. Il n'y a pas de règle en la matière, mais vous pouvez vous fier à votre ressenti, à votre sens de la déduction pour identifier les principaux symptômes.

Analysez quelques moments charnière, cela devrait vous éclairer :

✔ ***Sentez s'il est globalement à l'aise à son poste.*** Peut-être fait-il ses premiers pas, comme débutant sur la fonction ou comme nouveau promu. « Le costume est-il trop grand pour lui ? » C'est souvent une question de persistance et d'assurance, le temps de s'adapter à l'entreprise, à un métier et à ses collaborateurs.

✔ ***Mesurez son niveau d'inconfort psychologique face aux pressions.*** Il rougit, il s'énerve, il s'embrouille, il répond sèchement, il tempête ou reste muet. Trop d'excès révèle un haut niveau de stress. Repérez si ces manifestations précèdent un moment spécifique, un symposium, ou un rapport semestriel.

✔ ***Observez comment il anime les réunions.*** L'improvisation cumulée à un trop-plein de sujets traités génère du désordre dans les débats et le déroulé, et aboutit à une grande perte de temps. En outre, cela n'est peut-être pas l'activité qu'il préfère.

✔ ***Observez ses capacités à arbitrer un dossier.*** Des bourdes en série, des documents égarés, des décisions repoussées sont le signe d'une grande impréparation, mais pas obligatoirement d'incompétence.

Pour aller plus loin

Le principe de Peter : quand le chef atteint son seuil d'incompétence

Laurence J. Peter a énoncé son fameux principe en 1969. Selon lui, dans une hiérarchie, tout employé a tendance à s'élever jusqu'à son niveau d'incompétence. Ce professeur canadien a en effet fait cette observation : dans toute organisation, on confie des tâches de plus en plus complexes à celui qui accomplit bien son travail. Si celui-ci s'en acquitte correctement, on lui confie une nouvelle promotion... Et ainsi de suite jusqu'à ce qu'il occupe un poste au-dessus de ses capacités et où il restera indéfiniment.

Retombée majeure pour les collaborateurs d'un chef devenu « incompétent » : ils risquent d'être moins jugés sur des critères objectifs d'efficacité que sur des critères subjectifs de comportement. Toutefois, le supérieur arrivé à ce stade a souvent le bon sens de déléguer davantage.

❷ Exercez-vous à hiérarchiser les informations que vous lui relayez

Regroupez en amont toute information que vous lui communiquerez et vous soulagerez grandement votre supérieur. Songez qu'il a l'esprit rempli de multiples préoccupations et qu'il ne retiendra donc que l'essentiel.

Vous avez accès à une multitude de renseignements, via des tracts, des mails, des réunions informelles ou des rencontres professionnelles auxquelles vous assistez comme expert d'un métier, développeur d'un produit, responsable d'un projet. Vous lisez aussi des revues. Alors hiérarchisez, jouez le rôle d'un « aiguilleur », ne relayez que ce qui est utile à sa compréhension ou à sa réflexion, soit sur votre travail, soit sur la vie de l'entreprise.

✔ ***Concernant votre activité à votre poste, restez sur l'essentiel.*** N'allez pas dans le détail de ce que vous avez glané. Des « briefs » écrits seront les bienvenus, signalez le niveau d'urgence si nécessaire.

✔ ***Concernant la vie du service ou de l'entreprise, méfiez-vous des potins.*** Informez-le seulement de ce qui vous semble important et pertinent. Éventuellement donnez vos sources pour qu'il évalue lui-même l'intérêt du renseignement.

Mémento

Qu'est-ce qu'une information pertinente ?

Une information pertinente se reconnaît à six caractéristiques majeures :

- **elle annonce une nouveauté ;**
- **elle éclaire un contexte donné ;**
- **elle confirme un pressentiment personnel ;**
- **elle est recoupée par plusieurs sources ;**
- **elle est stratégique ;**
- **elle est confidentielle.**

3 Apportez une contribution concrète dans la gestion de planning

Travaillez pour votre manager, il travaillera pour vous. La plupart des managers fonctionnent sur ce mode. Et c'est notamment à la gestion des plannings que vous serez le plus utile. Vous en tirerez de substantiels avantages : vous éviterez notamment qu'il ne vous confie une tâche urgente au plus mauvais moment, ou qu'il oublie une absence programmée.

Optez pour l'attitude de quelqu'un qui suggère et non pas de quelqu'un qui sait faire. Et faites bien valider vos propositions.

Vous pouvez intervenir à plusieurs niveaux :

✔ ***L'agenda des réunions concernant tout ou partie de l'équipe.*** C'est le planning « casse-tête ». Il est d'autant plus complexe à agencer que le nombre d'intervenants est élevé, qu'ils proviennent de diverses entités, qu'ils sont débordés, éloignés, etc. Or rien n'est plus consommateur de temps et de stress pour tout le monde que les réunions mal anticipées. Si vous êtes un participant, proposez-vous une fois ou l'autre comme l'orchestrateur de l'organisation matérielle (horaire, salle, vidéoconférence avec l'étranger, etc.). Ainsi, vous libérerez du temps à votre manager pour fixer l'ordre du jour et approfondir la préparation des débats. Quand l'enjeu est important, c'est aussi votre intérêt.

✔ ***La prise en charge de mini-conflits dans le service sur les emplois du temps.*** Il s'agit de jouer les diplomates. Dans la vie quotidienne de l'équipe, les frictions sont multiples sur des sujets bénins, dates de congés, jours d'astreinte, corvée d'inventaire. Or, les solutions sont à portée de main. Pas la peine de déranger votre manager pour si peu. Avec du doigté, de la clairvoyance et de la rigueur, vous pouvez contribuer à résoudre les conflits style « cours de récréation ». Et présenter ensuite subtilement à votre supérieur les solutions clés en main. Il en sera allégé.

Et vous, où en êtes-vous ?

Comment aidez-vous votre manager ?

**Jusqu'où secondez-vous votre supérieur hiérarchique ?
Quel est votre degré d'empathie avec lui ? Pour le savoir, répondez par oui ou non aux questions suivantes.**

		Oui	Non
1	Je tiens compte des pressions que subit mon manager.		
2	J'observe souvent ses réactions aux événements.		
3	Je suis vigilant pour détecter les erreurs qu'il peut commettre.		
4	Je sais le mettre à l'aise.		
5	Je lui rappelle régulièrement ce qui est urgent.		
6	Je participe activement à la préparation de ses dossiers pour les réunions.		
7	Je le renseigne sur les choses utiles concernant la vie du service.		
8	Je l'aide à arbitrer, à faire des choix pour les décisions quotidiennes (dates de réunion, horaires de rendez-vous...).		
9	Je prends l'initiative de l'encourager à respecter les échéances.		
10	Je n'ai pas peur de lui tenir le langage du bon sens (surtout quand je sens qu'il verse dans l'excès...).		
11	Je sais faire le tri des informations et lui en faire profiter.		
12	J'apporte mon témoignage pour l'éclairer sur des problèmes de terrain.		
13	Je lui adresse, si nécessaire, des briefs écrits.		
14	J'aime discuter avec lui et déboucher sur des décisions concrètes.		
15	J'apprécie qu'il m'interroge.		

Pour connaître le résultat de votre autoévaluation, reportez-vous page 117.

Section 2

Sortez du cadre de l'assistanat

Une fois franchie l'étape de l'organisation, vous pouvez aller plus loin pour aider votre manager. Car pris dans des préoccupations d'ordre stratégique, il perd parfois de vue ce qui est efficace et réalisable sur le terrain. Il s'agit pour vous de le ramener à la réalité.

1 Améliorez le système existant en proposant des solutions

Vous avez parfois un sentiment d'impuissance devant l'inefficacité d'une organisation. Il est pourtant possible d'agir sur certains rouages. Si vous êtes pourvu de bon sens et de ténacité, vous aurez gain de cause. Votre supérieur ne demande pas mieux que de gagner de l'énergie (la sienne et celle des autres), du temps et de l'argent.

Identifiez d'abord là où cela cloche

Confrontez votre propre expérience à celle de vos coéquipiers. Établissez une liste d'imperfections afin de déceler les « pourquoi » :

- ✔ la non-circulation de l'information : elle bloque entre les collègues, ou d'un service à l'autre. Il y a des « nœuds » de rétention. On ne sait plus qui fait quoi et les doublons se multiplient ;
- ✔ l'opacité des décisions : prises en solo ou parachutées du haut, elles ne sont pas expliquées ;
- ✔ la difficulté à intégrer la nouveauté : l'équipe a du mal à s'approprier de nouveaux outils, à initier de nouveaux venus (stagiaires, intérimaires, nouvel embauché, etc.) ;
- ✔ la lourdeur des procédures : elles entravent les bonnes relations avec les clients, internes ou externes, entraînent confusion et retard ; ralentissent les interventions de la maintenance en production ou de la *hotline* informatique.

⏭ Proposez ensuite les améliorations souhaitables

Évidemment, votre marge de manœuvre ne sera pas la même selon les causes. Il s'agit donc de bien peser ce qui vient du système global et ce qui vient de la façon de travailler de votre supérieur :

- ✔ désigner un coordinateur, membre de l'équipe pour traiter des questions communes avec d'autres services et assurer un suivi dans les relations ;
- ✔ prévoir des formations lors de changements importants ;
- ✔ persuader son supérieur de pratiquer l'information descendante (de la direction vers la base) et remontante (de la base vers la direction) ;
- ✔ le persuader aussi d'informer à temps (éviter de mettre devant le fait accompli) et d'être plus transparent dans les décisions qu'il prend parce que cela motive l'équipe ;
- ✔ tenter d'alléger certaines procédures.

Le mieux, c'est de vous concerter à plusieurs pour dégager un consensus minimum. Face au nombre, si vos suggestions sont bonnes, votre supérieur aura du mal à résister. Et surtout, offrez-lui plusieurs options afin de lui laisser un vrai choix. De cette manière, il ne se sentira pas dépossédé de son rôle de décisionnaire.

> **Conseil pratique**
>
> **Comment prononcer une critique ouvertement**
>
> **Attention aux remarques cinglantes faites devant des tiers. Votre manager peut être à l'origine du système défaillant qui fait l'objet de votre critique. Si vos propos lui sont répétés et que vous ne lui ayez rien dit, il ne vous le pardonnera pas. Il prendra la critique pour lui-même et se sentira atteint dans sa dignité et dans sa légitimité. Devant autrui, pointez des incidences fâcheuses de la méthode en place. Tout en soulignant ses aspects positifs. Évoquez les bienfaits de la concertation, du style « C'est dommage qu'on ne nous ait rien dit ! » et glissez de judicieuses préconisations. Votre manager, s'il en a connaissance, pourra les reprendre à son compte.**

❷ Osez faire part des incohérences

Vous en avez l'expérience : parfois, certaines situations sont extravagantes. Les décisions se contredisent ou sont improductives. En gros, la hiérarchie veut le beurre et l'argent du beurre sans trop se soucier des détails, alors qu'il faut, au contraire, s'en inquiéter, car cela peut miner la vie d'un service.

Trouver sa place au cœur du système managérial

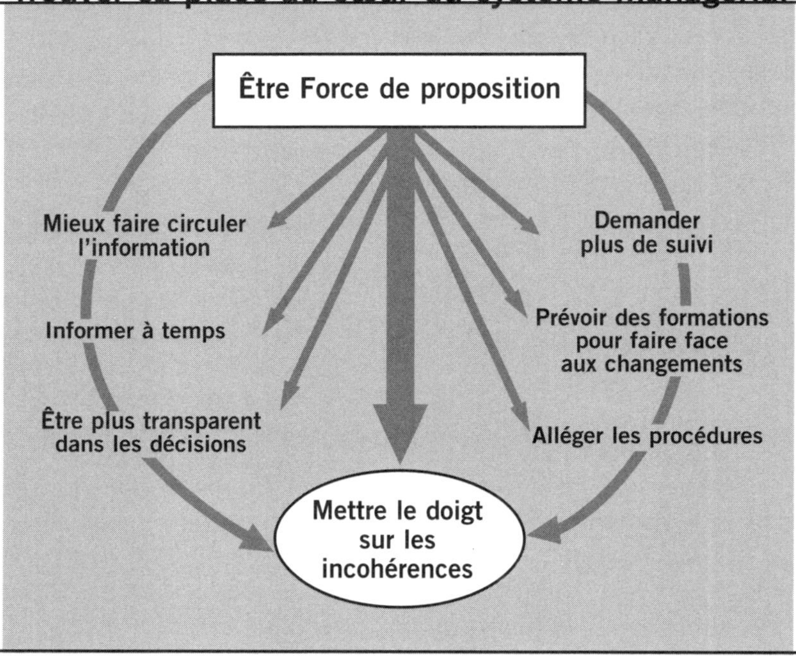

Trois motifs essentiels génèrent de l'incohérence :

- ✔ ***les ordres émanant de grands pontes qui méconnaissent la réalité quotidienne*** d'une entité. Parachutés du haut, ces ordres sont inapplicables sur le terrain. Ce qui peut mettre votre manager en porte à faux. Un cas classique : les horaires ou les budgets de frais généraux identiques partout malgré les spécificités des services ;
- ✔ ***les ordres provenant d'un supérieur qui joue au « petit chef »*** ou au « caporal ». Il applique ce qui lui paraît bon, parce qu'il l'a expérimenté ailleurs, alors que l'environnement différait. Ou bien il s'entête dans des préjugés sur un mode d'organisation ;
- ✔ ***les consignes qui s'opposent d'elles-mêmes*** à cause de la multiplicité des procédures ou des intervenants de divers services. Une directive qualité peut contrecarrer des impératifs d'organisation de la production, notamment.

La seule parade possible reste de démonter point par point l'enchaînement mécanique des conséquences qui aboutit à la stupidité finale. Toutefois, même un manager a droit à l'erreur. Intelligent, il suivra vos explications et partagera vos conclusions. Au point de changer d'avis sur l'organisation qu'il a initiée ou de faire une légère entorse à une règle collective. S'il reste campé sur sa rigidité, insinuez que « si on marche sur la tête », l'équipe peut décider de faire du zèle dans l'absurdité, ce qui conduirait à une certaine pagaille.

En revanche, vous avez le devoir de le soutenir s'il est amené à s'expliquer avec sa hiérarchie : en cas de conflit, il doit pouvoir compter sur vous.

Témoignage

Il a ignoré une note absurde en accord avec son chef

Un matin, les ingénieurs et techniciens d'un bureau d'études découvrent une note sur leur bureau : « Nous vous rappelons que tous les employés doivent être à leur poste entre 8 heures et 8 h 30. L'assurance automobile qui couvre vos déplacements ne fonctionnera pas si vous arrivez plus tard ! »

Piqués au vif, tous défilent devant leur manager avec des arguments de bon sens : « Et le soir, est-ce qu'on est couvert après 18 heures ? » ; « Nous ne comptons pas nos heures. Sur les projets, nous terminons souvent dans la nuit ! » ; « En cas d'urgence, on peut nous joindre sur nos mobiles ».

Leur manager le sait, mais la note ne vient pas de lui mais de la direction des ressources humaines du groupe. Et bien entendu, il juge le contenu « hallucinant » : cela risque de démotiver son équipe en plein boom.

Il part alors en discuter avec son patron. Celui-ci énonce la nécessité de règles de travail en commun, oubliant que les contraintes de l'équipe du bureau d'études n'ont rien à voir avec celles du service marketing. Réplique du manager : appliquer la note au pied de la lettre détériorera le climat de travail et donc affaiblira les résultats. Convaincu, son patron décide alors d'abandonner.

Section 3

Faites preuve d'autonomie

Vous avez contribué avec succès à rationaliser l'organisation de l'entité, à libérer du temps à votre chef. Poussez encore votre avantage en démontrant toute l'étendue de vos capacités, surtout celles à entreprendre. Ce sera à votre crédit pour faire aboutir vos projets.

❶ Devancez les attentes de votre manager

Vous avez désormais une bonne idée du mode de fonctionnement de votre manager. Réalisez maintenant du sur-mesure, non pas pour lui faire plaisir, mais pour montrer que vous savez être attentif à votre entourage, qui plus est avec une certaine sensibilité psychologique. Devancez ses attentes, c'est le comprendre, lui. Vous allez ainsi l'amener peu à peu à réfléchir sur ce qu'il comprend de vous.

De surcroît, vous renforcerez votre contrat de confiance mutuel, dans un climat d'entente professionnelle. Cela dit, ne cultivez pas trop la complicité, afin de ne pas vous transformer en courtisan. Vous risqueriez de tomber dans le registre affectif, ce qui pourrait vous nuire par la suite.

Qu'attend de vous votre manager, outre la tenue de vos objectifs et des coups de pouce en matière d'organisation ? Tout simplement que vous

Conseil pratique

Et si votre manager vous critique ?

Pour gagner en assurance et en autonomie résistez à l'ironie de votre chef. Trois techniques vous éviteront de vous justifier ou de contre-attaquer :

➜ le sphinx : restez impassible, bien calé assis dans le fauteuil, ou debout les pieds à plat sur le sol. Et regardez-le droit dans les yeux.

➜ l'édredon : vous amortissez la critique. Elle porte sur un fait, vous dites : « oui, c'est vrai ! ». Il émet un jugement, vous dites : « peut-être, mais c'est votre opinion ! »

➜ le disque rayé : trouvez une réplique béton et martelez-la sans relâche : « Je m'aime bien comme cela ! »

remplissiez votre rôle, c'est-à-dire que vous soyiez entièrement responsabilisé sur vos missions, à votre poste. Et il souhaite intervenir le moins possible, même en cas de pépin. Certains ont le sens de la pédagogie, d'autres ont envie que leurs collaborateurs les comprennent vite, sans avoir à répéter les consignes. Les mêmes préféreront des comptes-rendus circonstanciés ou synthétiques. Selon leur style, les attentes varieront.

Globalement, vous pouvez être sûr qu'il appréciera des initiatives de votre part sur des questions bénignes ou de votre ressort :

- ✔ soit que vous anticipiez ce qu'il pourrait décider dans des situations connues, récurrentes ;
- ✔ soit que vous innoviez devant l'inattendu, avec des solutions clés en main.

À vous d'affiner ensuite le quoi et le comment… Il appréciera aussi une certaine courtoisie dans la relation. Un moyen efficace : repérez ses tics, son mode de fonctionnement et respectez-les.

Conseil pratique

Pour une écoute de qualité

Écouter, c'est participer à l'échange en se taisant. Vous êtes un récepteur ! Votre attitude n'est pas passive, au contraire vous avez une activité mentale intense pour bien capter les messages :

➜ soyez détendu, disponible et accueillant ;

➜ observez les mimiques de votre interlocuteur (morsures de lèvres, sourcils froncés) ;

➜ émettez des signaux positifs (mouvements de tête…) ;

➜ ne l'interrompez pas ;

➜ laissez-le vous interrompre ;

➜ attendez quelques secondes quand il a fini de parler ;

➜ posez d'abord les questions ouvertes (que pensez-vous de…) ;

➜ posez plus tard les questions fermées (qui, quoi, quand, où…) ;

➜ demandez des éclaircissements ;

➜ reformulez pour vous assurer d'avoir compris et approfondir.

2 Sachez remplacer votre manager au pied levé

L'occasion se présentera forcément. Votre supérieur ne peut pas animer une réunion, ni intervenir dans un colloque, ni participer à un séminaire ou gérer le quotidien durant une absence. Il cherche un « remplaçant » : portez-vous volontaire. À moins qu'il ne songe à vous proposer directement la mission.

Conseil pratique

Évitez de vous faire « calife à la place du calife »

Votre supérieur reconnaît vos talents, il vous pousse dans la lumière. En même temps, il craindra que vous ne lui fassiez de l'ombre. Inquiet de vous voir capable, comme le héros de BD Iznogoud, de devenir « calife à la place du calife ». Un sentiment naturel dans un climat de compétition intense dans l'entreprise. Vous avez occupé son fauteuil en partie et exceptionnellement, restez mesuré dans vos prestations. Racontez-lui spontanément, à son retour, comment vous avez vécu l'expérience, qui vous avez rencontré, ce que vous avez exposé, décidé, engagé. Il a besoin d'éléments objectifs pour reprendre ses marques ou poursuivre une action. Restez sincère et authentique, vous le rassurerez.

Quoi qu'il en soit, c'est la chance de vous affirmer comme un animateur, une personne de confiance, un expert de tel sujet, en tous les cas comme un collaborateur qui a du potentiel et le sens des responsabilités.

✔ ***Acceptez le défi malgré vos doutes.*** Votre manager cherche peut-être à vous tester. Surmontez vos appréhensions : s'il vous désigne, c'est qu'il vous juge compétent. Si vous avez envie de vous proposer, c'est que vous serez à la hauteur. Faites-vous confiance.

✔ ***Assurez-vous de soutiens internes.*** C'est toujours préférable, surtout une première fois. Il s'agit d'avoir de solides conseils pour réussir. Et de neutraliser vos ennemis ou les jaloux.

✔ ***Préparez vous sur le fond.*** À votre tour de préparer les réunions, avec un ordre du jour, des objectifs, des règles du jeu, la sélection des intervenants, le déroulé prévisible ; à vous de consulter des collaborateurs, de prendre contact avec des organisateurs, des confrères de votre manager, etc.

✔ ***Soyez en représentation sur la forme.*** Tout en restant ce que vous êtes, avec humilité vous endossez un autre rôle, celui de suppléant du chef, de représentant de l'entreprise. Il vous faudra en tenir compte dans vos attitudes, votre présentation, votre expression orale.

✔ ***Capitalisez vos succès.*** Vous remplissez une mission d'abord modeste, vous serez amené à remplacer votre manager d'autres fois, sur des missions plus complexes ou plus longues. Dites oui, sauf si vous sentez un traquenard. À chaque fois, vous prendrez davantage d'assurance.

Où vous situez-vous sur le carré de la relation à l'autorité ?

De la dépendance, aller vers l'interdépendance

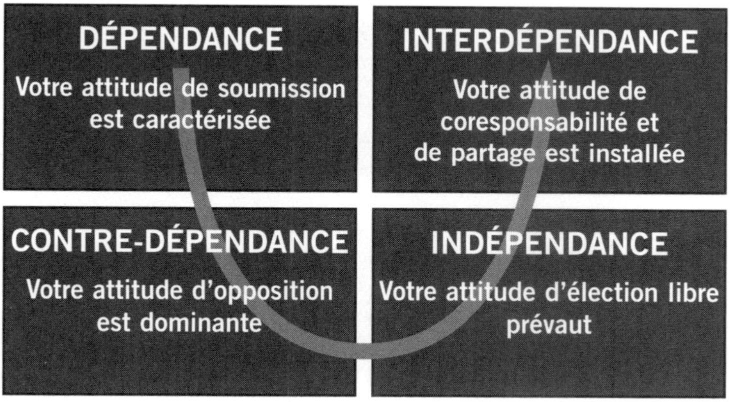

Votre degré d'autonomie par rapport à la hiérarchie

NB : en sortant de la dépendance (tendance à se soumettre) et de la contre dépendance (tendance à s'opposer), vous expérimentez deux attitudes plus affirmées face à l'exercice de l'autorité de votre manager :

→ d'une part vous osez faire preuve d'indépendance (agir seul et de façon autonome) ;

→ d'autre part vous prenez conscience de votre capacité à partager et à prendre une responsabilité en tenant compte du collectif et de l'intérêt commun du groupe.

Vous atteignez ainsi la plénitude des comportements d'interdépendance.

Section 4

Incitez votre manager à déléguer

Votre autonomie ne fait plus question. Avec tout ce que vous avez déjà assumé, votre potentiel est à découvert. Dès lors, n'hésitez plus à occuper le terrain de la délégation. Franchissez ce cap, vous marquerez des points avec votre manager. Cependant, allez-y en douceur pour le convaincre. Votre meilleur atout reste la qualité des liens de travail que vous nouez avec lui.

❶ Gagnez solidement la confiance de votre supérieur

La délégation suppose une bonne interactivité entre celui qui délègue et celui qui reçoit la délégation. Vous avez déjà démontré que vous vous situez dans une relation d'adulte à adulte. Il reste à convaincre complètement votre supérieur que vous pouvez fonctionner avec lui comme son « fondé de pouvoir », sur tel sujet, tel projet, tel domaine de compétences. Le mieux pour vous est de prendre les devants, en repérant ce qui serait possible et intéressant que vous preniez en charge totalement.

✔ ***Vous êtes l'homme/la femme de la situation.*** Rappelez que, par le passé, vous avez su assumer vos responsabilités dans des situations de travail complexes et variées. Vous avez les aptitudes et les compétences pour devenir délégataire. Mettez-les en avant. L'entretien annuel d'évaluation est le bon moment pour en parler. Mais si l'occasion se présente plus tôt, n'hésitez pas à provoquer une entrevue spécifique.

✔ ***Vous avez une forte motivation.*** Vous êtes déjà très impliqué à votre poste. Et vous avez envie de progresser encore sous la houlette de votre chef et de bénéficier de ses précieux conseils. Il sera votre coach. Un rôle valorisant pour lui avec un retour sur investissement : vous serez encore plus motivé.

✔ ***Vous partagez déjà une forte proximité de vues.*** Votre chef le sait puisqu'il vous a vu à l'œuvre au quotidien. Insistez quand même sur le fait que vous avez déjà résolu ensemble des dossiers embrouillés. Vous avez alors constaté pas mal de points de convergence. Dans les cas contraires, vous êtes toujours parvenu à un accord.

✔ ***Vous lui permettez de gagner en efficacité.*** Répétez-lui, c'est le point clé : il aura davantage de temps. Du temps qu'il consacrera à ses véritables tâches de manager : se concentrer sur des activités stratégiques à valeur ajoutée, accompagner ses collaborateurs, se perfectionner et élargir son cercle de relations. Du coup, il augmentera son niveau de contribution à l'entreprise. Et il sera perçu comme un orchestrateur et non plus comme un contremaître.

Mémento

Délégation et subsidiarité

Déléguer, c'est confier à une personne sûre (ou à une équipe) une parcelle de son autorité ou de son pouvoir pour réaliser une mission précise, dans un cadre défini, tout en lui donnant les moyens d'agir. Appliquer le principe de subsidiarité, c'est affirmer que les décisions sont prises à un niveau local. Dans ce cas, il n'y a pas transfert de pouvoir. *A priori*, l'échelon local a le pouvoir de décider de tout, sauf de ce qui relève de l'échelon supérieur, et qui est alors précisé.

✔ ***Vous lui laissez le moyen de garder le contrôle.*** Il est, de toutes les manières, coresponsable de vos actes de délégataire, puisque c'est lui qui répond de la bonne utilisation des pouvoirs qui lui ont été conférés par sa direction. S'il n'assure pas la mission, il l'assume. En outre, vos succès rejailliront sur lui, puisqu'il sera à l'origine de la délégation.

❷ Suggérez des délégations temporaires dans un premier temps

La délégation active ne se demande pas, elle se prend. C'est pourquoi, il est préférable de commencer à un niveau modeste, sans griller les étapes. Pensez, à ce stade, que vous devrez engranger des réussites, et que votre manager doit pouvoir les apprécier : c'est le b.a-ba.

✔ ***Endossez seulement ce que vous pouvez assumer.*** Une mission administrative ou un petit projet, cela peut être passionnant. Il n'y a pas de délégation mineure. Car il ne s'agit pas de vous surestimer. Vous êtes demandeur, sur le registre d'une mission élargie, avec des objectifs à

Conseil pratique

Gare aux dérapages !

Pas question d'aller au casse-pipe à la place de votre manager.
Il s'agit de veiller à ce que les personnes clés dans et hors votre entreprise soient au courant de la durée et du contenu de votre délégation, afin de pouvoir vous imposer et de pouvoir travailler.

Mais vous devez aussi alerter votre supérieur dans les cas suivants :

→ tensions majeures entre personnes ou groupes (c'est à lui d'arbitrer) ;

→ fautes commises par un collaborateur (c'est à lui de sanctionner) ;

→ décisions et ou de communications désagréables (c'est à lui de les diffuser) ;

→ relations délicates avec d'autres secteurs ou services (à cogérer parfois) ;

→ solutions d'attente prises durant son absence (c'est à lui de les ratifier).

En revanche, la délégation est irréversible. Autrement dit, elle ne peut vous être retirée avant terme, sauf pour faute grave.

tenir. Préférez la temporaire, même sur plusieurs mois, cela inquiétera moins votre manager, et le bilan en sera effectué plus vite. Vous saurez alors si le genre vous convient.

✔ ***Cadrez bien votre première mission.*** La délégation doit avoir une configuration précise, c'est capital pour savoir comment avancer. La mission doit vous impliquer (il faut refuser les tâches ingrates ou subalternes), à votre mesure, être réalisable à l'instant « t » et dotée de moyens suffisants, comme pour vos objectifs de poste. À vous de fixer des jalons intermédiaires, de négocier des ressources, un plan d'action. Sinon, vous n'aurez pas d'autonomie et ce sera une délégation de façade ou alors un véritable piège. En outre, si vous chargez la barque, vous ne tiendrez pas longtemps.

✔ ***Traitez votre manager comme un « client » interne.*** Le cadrage posé, il faut s'y conformer, respecter la « commande ». Cependant, dans ces limites convenues, trouvez votre liberté, évoluez avec vos propres solutions, avec votre tempérament. Vous expérimenterez des idées, des méthodes, des collaborations nouvelles, prenant un autre chemin pour satisfaire à l'objectif. Ce qui compte, c'est un état d'esprit et l'écoute de l'autre. Travaillez en compagnie de votre patron sur les dossiers d'envergure (préparation du budget, d'un plan de formation, etc.). Vous cernerez mieux ses attentes et confronterez vos méthodes.

Et vous, où en êtes-vous ?

Êtes-vous à l'aise avec la délégation ?

Êtes-vous fait pour la délégation ? Pour le savoir, entourez les points correspondant à la case de votre choix.

		Souvent	Parfois	Rarement
1	Je prends les devants pour solliciter des délégations de tâche.	5	3	1
2	Je sais expliquer mes compétences et mes souhaits pour encourager mon manager à me proposer des délégations.	5	3	1
3	J'ai un grand souci de fiabilité quand mon chef me confie quelque chose.	5	3	1
4	Je profite des activités qu'on me délègue pour apprendre vite.	5	3	1
5	J'accepte aisément son contrôle quand il me confie une responsabilité.	5	3	1
6	J'ai la capacité à changer de point de vue si mon chef choisit une orientation qui n'est pas la mienne.	5	3	1
7	Je sais expliquer pourquoi je ne suis pas d'accord de façon calme et constructive.	5	3	1
8	J'aime prendre des initiatives qui font avancer les choses et j'assume les risques.	5	3	1
9	J'apprécie l'élargissement de mes responsabilités et j'en ai besoin.	5	3	1
10	Je suis prêt à travailler sur des dossiers complexes et sensibles.	5	3	1
11	Je suis capable de suggérer des modifications sur les méthodes de travail.	5	3	1
12	Je suis capable de refuser des délégations et de m'en expliquer quand elles ne sont pas claires.	5	3	1
13	J'aime aussi déléguer moi-même.	5	3	1
14	Je travaille à préserver la confiance dans mes relations.	5	3	1
15	Je prends des risques calculés.	5	3	1

Pour connaître le résultat de votre autoévaluation, reportez-vous page 118.

L'essentiel

FACILITER LE TRAVAIL DE SON SUPÉRIEUR, C'EST LE SOULAGER DE TÂCHES À FAIBLE VALEUR AJOUTÉE, PRÉVENIR SES ATTENTES ET L'ÉPAULER DANS LA GESTION DE QUESTIONS COMPLEXES SUR LESQUELLES VOUS AVEZ DES COMPÉTENCES.

1 AIDEZ VOTRE MANAGER À GAGNER DU TEMPS

Apprécier son organisation. Puis contribuer à en optimiser le fonctionnement, suggérer des changements, voire le remplacer à l'improviste.

2 LEVEZ CERTAINES INCOHÉRENCES

Repérer les contradictions qui paralysent l'action de tout ou partie de l'équipe, et l'informer pour en atténuer les effets.

3 VENDEZ-LUI VOS TALENTS EN SITUATION

Éprouver sa propre autonomie et son sens des initiatives sur le terrain. Une phase essentielle pour libérer son manager de ses doutes sur le potentiel de son collaborateur.

4 CONSIDÉREZ-LE COMME UN PARTENAIRE

Sentir ses attentes et respecter le contrat mutuel. Il faut demander son aval sur toute intervention majeure ou dérangeante.

5 AFFIRMEZ-VOUS COMME DÉLÉGATAIRE

Rechercher les occasions de grandir et se montrer à la hauteur des premières missions de confiance. D'autres suivront.

❑ ***Notes personnelles***

Chapitre 4

Travailler en bonne intelligence

Objectifs du chapitre

- ✗ Prendre de l'assurance.
- ✗ Tenir compte des contraintes de son supérieur.
- ✗ Nouer des alliances.
- ✗ Apprendre à évoluer avec diplomatie.

Section 1

Surmontez vos propres peurs

L'autorité impressionne. Vous avez beau avoir tissé une relation de confiance, vous restez encore sur vos gardes. Rassurez-vous, ce sentiment de crainte est bien naturel. Il s'agit de vous dégager de ces réflexes de peur et de dépasser les mauvaises expériences de votre passé professionnel.

❶ Identifiez les situations qui vous bloquent

Ne pas avoir conscience de leur existence, c'est vous interdire de les contrer ou de les contourner et donc de vivre une relation équilibrée et sereine avec votre manager ; c'est risquer également d'être gagné par l'anxiété et de vous dévaloriser par des attitudes en retrait. Il est temps de vous pencher sur vous-même…

✔ ***Pour vous sentir plus à l'aise, apprenez à vous connaître.*** Est-ce votre manager qui vous domine ? Ne serait-ce pas plutôt vos émotions ? Effectuez un peu d'introspection et vous vérifierez vite le degré de pertinence de cette idée : vous manquez de confiance en vous, vous craignez d'être jugé, de renvoyer une mauvaise image, vous êtes habité par un fort sentiment de culpabilité, etc.

✔ ***Évacuez les croyances limitantes que vous nourrissez sur vous-même.*** Voyez, notamment, si vous êtes sensible à l'injonction suivante : « Je ne suis pas capable de… » Si oui, confrontez cette croyance à une série de questions : « Pourquoi ? », « Quand ? », « Comment ? », « Où ? », « Avec qui ? », « Et si je faisais ainsi ? », en puisant les réponses dans une réalité vécue ; et ainsi de suite, jusqu'à trouver une attitude positive.

✔ ***Réexaminez vos relations de travail passées pour repérer le type de situations qui vous paralysent.*** Identifiez celles où vous avez répété des réactions instinctives de défense. Puis dressez la liste de ce que vous avez mal supporté chez vos managers précédents : leur critique, une pression trop appuyée, des non-dits, un surcontrôle ; et tout ce que vous n'avez pas su lui exprimer : demander de l'aide, contredire, annoncer une mauvaise nouvelle, etc. Analysez le « pourquoi ».

Sachant tout cela, vous ne vous laisserez plus surprendre par vous-même. Vous pourrez anticiper et progresser sur ces points. Mais rappelez-vous : votre manager actuel – s'il est très bloquant – ne vous supervisera pas à vie.

Conseil pratique

Se relaxer pour chasser le trac

→ Respirez les yeux fermés en visualisant à tour de rôle une partie de votre corps : tête, épaule, bras..., durant 5 ou 30 minutes.

→ Mentalement, créez de l'espace autour du membre ou de l'articulation. Vous verrez ! La tension se relâchera.

→ Respirez sur une couleur que vous aimez, un mot synonyme de plaisir et de bien-être pour vous. Vous atteindrez un état de détente active, mettant tous vos sens en éveil.

→ À chaque montée de stress, visualisez une réussite passée, qui fera renaître le plaisir et la confiance en soi. C'est un ancrage positif contre le sabotage de vous-même ou de la situation présente.

2 Désacralisez la fonction de votre manager

Il est sans doute une figure respectable, mais sûrement pas un dieu, ni la statue du commandeur ! Peut-être sacralisez-vous sa fonction parce qu'il vous protège de l'angoisse d'avoir à décider vous-même. Pour vous délivrer de ce sentiment désagréable de vulnérabilité, raisonnez de façon résolument positive.

✔ ***Cessez d'interpréter ses faits et gestes, sans quoi vous lui donnez trop de pouvoir.*** Résistez à la tentation de tout commenter avec vos collègues. De penser qu'il vous en veut, parce qu'il ne vous a pas dit bonjour en vous croisant, ou que vous n'arrivez pas à obtenir un rendez-vous.

✔ ***Rappelez-vous qu'il a une histoire.*** Il ne tombe pas du ciel, il est monté dans la hiérarchie, ce qui n'est pas pareil. Il a donc un passé de collaborateur. Ayant évolué dans la même entreprise, ses faiblesses sont connues. Et parfois, il n'a pas toujours été préparé à être manager !

✔ ***Rappelez-vous qu'il a ses limites.*** Grand timide, désordonné, lunatique : vous l'avez déjà observé. Il n'est ni omniscient ni tout-puissant. Et peut-être suit-il des séances de coaching pour être recadré.

✔ ***Songez qu'il a à répondre de son activité.*** Il vit des craintes similaires aux vôtres face à une autorité hiérarchique. Et il doit se justifier sur sa manière de vous gérer.

✔ ***Songez qu'il est votre alter ego.*** Imaginez-le dans des situations de la vie quotidienne, gérant sa maisonnée, essuyant des reproches en famille. Lui aussi a des états d'âme.

✔ ***Rappelez-vous que vous êtes assez grand pour vous réaliser par vous-même.*** Ne lui déléguez pas votre réussite, par une trop grande admiration. Ce serait vivre une carrière dans l'ombre et par procuration.

Pour aller plus loin

Ce que vous permet le 360° *feedback*

Son principe est simple. Le manager n'est pas uniquement évalué par sa hiérarchie, mais par son entourage professionnel, à 360°.
Et c'est lui-même qui désigne ses évaluateurs, supérieurs,pairs, clients, collaborateurs...
À ce titre, vous noterez les performances de votre supérieur en répondant à une série de 60 à 100 questions, portant sur différents thèmes :

- **➜ sa vision stratégique de la division ou de l'entreprise ;**
- **➜ son comportement au travail (gestion du stress, du temps) ;**
- **➜ ses capacités managériales (animation, développement des collaborateurs, marques de reconnaissance, etc.).**

Cette grille est conçue et dépouillée par un cabinet extérieur. Toutes les réponses sont anonymes. Vous n'avez donc aucune crainte à être sincère, mais vous ne devez toutefois pas rentrer dans une démarche de règlement de comptes. La somme des réponses indiquera à votre manager les axes de progrès qu'il doit faire, car lui-même ayant répondu, il pourra comparer les écarts entre ce qu'il pense de lui-même, et ce que les autres pensent de lui. Voilà ce qu'on appelle le feedback ! Notez que dans certains cas, le manager peut même (s'il en a le courage) restituer les résultats globaux à son équipe, afin de nouer le dialogue avec elle et d'engager des actions.

Et vous, où en êtes-vous ?

Comment vivez-vous la relation d'autorité ?

Avez-vous tendance à vous rebiffer, à culpabiliser ou à vous soumettre ? Pour mieux comprendre le type de relation que vous avez avec votre manager, réagissez aux affirmations suivantes.

		De temps en temps	Oui	Non
1	Je ressens des blocages quand j'ai quelque chose à demander.			
2	Je crains d'être jugé par mon manager.			
3	Je me fais vite une idée sur les gens et les choses.			
4	J'ai peur de rechercher le « pourquoi » de ce qui m'arrive.			
5	J'interprète les faits et gestes de mon manager.			
6	Je suis très impressionné par mon manager.			
7	J'ai l'impression que mon manager est différent de moi.			
8	Je considère mon manager comme invulnérable.			
9	J'ai besoin de mon manager pour prendre des décisions.			
10	Je n'ose pas demander de conseils.			
11	Je suis très obéissant.			
12	Je pense que je ne serai jamais manager.			
13	J'ai peur des réactions de mon manager.			
14	Je ne supporte pas son regard.			
15	Je me sens coupable en cas de reproches.			

Pour connaître le résultat de votre autoévaluation, reportez-vous page 118.

Section 2

Appréciez les contraintes de travail de votre manager

Lui aussi travaille dans un cadre contraignant, avec des directives et des délais. Pris entre le marteau et l'enclume, il doit rendre des comptes tout en gérant une équipe qui lui en demande beaucoup. En outre, il évolue dans le cénacle d'autres managers, avec une place singulière parmi eux. Comprendre cela vous aidera beaucoup à positionner votre relation à sa juste place.

❶ Évaluez les objectifs et résultats qui incombent à votre supérieur

Votre supérieur a été nommé ou embauché à son poste pour obtenir des résultats, qu'ils soient d'ordre économique ou managérial. Il subit les pressions du temps, de la quantité, de la qualité, plus les humeurs des uns et des autres, tout au long de la chaîne hiérarchique jusqu'à vous.

✔ ***Ses objectifs sont plus ambitieux que les vôtres.*** Il est responsable, on lui en demande donc plus qu'à vous. De fait, ne parviennent jusqu'à vous que les sous-objectifs de ses objectifs. Par exemple, un directeur des achats peut avoir comme contrainte de réduire drastiquement les coûts des fournitures de bureau, mais la déclinaison variera selon le type, la quantité et la qualité du matériel acquis : on peut vouloir faire plus d'économies sur des stocks de papier que sur du matériel informatique ou l'inverse… Et selon vos affectations, vous serez plus ou moins sollicité dans ce projet global.

✔ ***Il a aussi des objectifs spécifiques en tant que manager.*** Élever les compétences de l'équipe dans un domaine, orchestrer un changement, améliorer la collaboration avec d'autres entités, motiver sur un projet donné, détecter et fidéliser les hauts potentiels, etc. : tels sont les défis qu'il a à relever.

La chaine hiérarchique des objectifs et des contraintes de votre manager

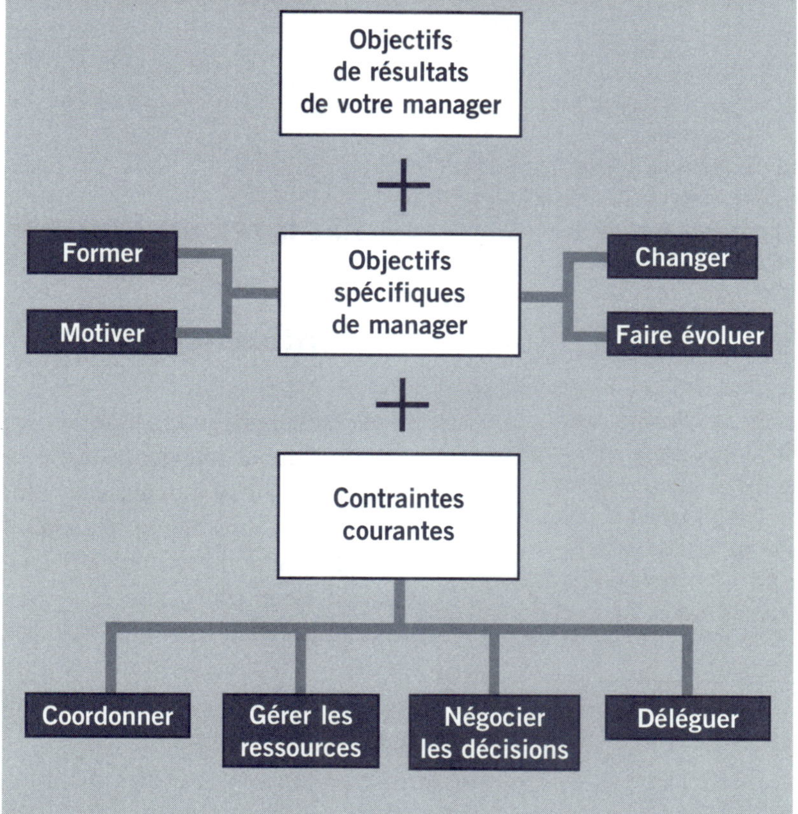

✔ ***D'autres aspects contraignants peuvent vous échapper :***

- son travail de coordination : essentiel, il est peu visible, car pas toujours accessible, surtout quand ce travail intervient aux interfaces avec d'autres services et que l'arbitrage reste discret ;
- le besoin de recruter ou de remplacer : outre l'intendance et le budget, avoir des effectifs suffisants (dont des profils spécifiques) lui est vital pour tenir ses objectifs ;
- la nécessité de négocier pour l'équipe et pas seulement pour lui : il doit avoir le point de vue de l'hélicoptère (en haut pour avoir une vue d'ensemble du travail de tous, en bas pour apprécier les obstacles que rencontre chacun) ;

Mémento

Votre chef a son propre chef !

La pression vient également du haut. Tout manager a des comptes à rendre à son propre manager, et des consignes à répercuter à l'équipe. Il peut n'être qu'une courroie de transmission et se défausser de tout sur son hiérarchique, ou bien assumer les décisions. Il a des convergences ou des divergences de vue avec lui. Ils ont un style de relation, chaleureux ou glacial, politique ou fonctionnel. Des paramètres importants pour saisir la marge de manœuvre de votre chef. Car il aura tantôt le poids de résister ou de convaincre, celui de vous défendre ou de vous freiner, tantôt aucun, sauf celui d'obéir.

– sa position dans une cascade de délégations : manager, il a reçu délégation de son supérieur, qui lui-même en a reçu une du sien, etc. Il a un devoir de réserve (il ne peut pas tout dire). Et il rencontre beaucoup de difficultés qu'il est obligé de taire.

❷ Explorez les limites de sa zone d'influence interne

Votre supérieur appartient à une communauté de managers de même rang. Les rivalités y sont plus ou moins larvées. Elles sont même très aiguës lors des décisions stratégiques souvent prises en collégialité. Et l'avenir de l'équipe, et du vôtre en particulier, en dépend largement. Votre manager ne peut pas tout, tout seul. Apprécier cela vous évitera des déceptions, ou de gaspiller de l'énergie.

✔ ***Il est bon de repérer dans quelle position se situe votre manager.*** Avoir les idées claires sur ce point, vous aidera à évaluer ce que vous pouvez attendre de lui de façon réaliste. En effet, selon qu'il peine ou non à s'imposer dans les instances dirigeantes, il défendra plus ou moins vigoureusement les points de vue de son entité ou vos propres projets personnels. Identifiez éventuellement qui, dans ses collègues, le contrecarre afin de ne pas commettre d'impair fatal, une confidence malheureuse, qui puisse nuire à votre manager ou à vous.

✔ ***Ce qui compte, c'est de savoir avec qui il s'entend bien, et avec qui il s'entend mal.*** Ses pairs ont leur propre réseau interne. Et selon qu'ils occupent une fonction de poids ou en vue, qu'ils soient carriéristes ou soucieux du bien collectif, qu'ils sont obligés ou non de travailler avec votre supérieur, ils l'épauleront ou le dénigreront. Cet environnement professionnel humain est une clé de lecture capitale du comportement de votre manager. Lui aussi doit se battre. À vous, alors, de prendre le recul nécessaire et d'investir sur ce qui est dans l'ordre du raisonnable et du possible.

✔ ***Mais les limites à son influence tiennent aussi à un mode d'organisation.*** Les managers de proximité, proches du terrain, se sentent, notamment, souvent dépossédés par les spécialistes : le directeur de l'informatique qui impose les outils, le juriste qui interdit tel type de contrat, l'acheteur qui fixe les prix, le financier qui restreint le budget, etc. Du coup, votre supérieur n'a pas forcément les coudées franches pour innover et faire progresser l'équipe. Inutile alors de réclamer ce qu'il ne pourra pas vous donner.

❸ Sachez le solliciter à bon escient

La contrainte vient aussi des autres. Vous n'êtes pas tout seul dans l'équipe – ce que vous oubliez quand vous frôlez la panique face à une urgence ou une difficulté majeure. Votre manager ne peut être disponible uniquement pour vous à volonté et à 100 % de son temps durant la période fatidique : c'est une règle de bon sens.

Il s'agit d'apprécier quelles sont ses priorités du moment. Appréciez aussi l'état d'avancement des travaux parmi vos collègues et le degré d'urgence de leur demande comparé à celui de votre propre demande. Il suffit pour cela d'en parler avec eux. Vous ajusterez vos exigences ensuite, selon ce que vous pouvez différer.

Pour aller plus loin

Le *burn out* touche aussi votre supérieur

« Il s'est brûlé les ailes », dit-on. Le *burn out*, c'est précisément cela. Votre manager brûle de l'intérieur, en une combustion lente qui le ravage complètement. Il n'a pas mesuré ses propres limites. Il est atteint du syndrome d'épuisement professionnel, s'effondrant sous la pression, l'anxiété, la fatigue physique et mentale.

Difficile à déceler, le processus dure des mois ou des années. Les facteurs qui le favorisent ? Un sens aigu des responsabilités ou un grand perfectionnisme, couplé à un désaveu sur telle ou telle prise de décision par son supérieur, ou à des moyens resserrés, ou encore au manque d'informations claires sur la politique à mener.

Section 3

Ménagez les susceptibilités de votre manager

Démythifier son manager c'est bien, mais il reste tout de même votre supérieur. Il s'agit de respecter ses prérogatives, son territoire, ainsi que le protocole maison. Ne lui laissez pas le moindre doute sur la légitimité que vous lui accordez. C'est fondamental pour maintenir un équilibre harmonieux dans vos rapports.

❶ Respectez les rituels sociaux

Agissez avec lui comme vous souhaitez qu'il agisse avec vous. En tenant compte de son titre de chef et de sa position honorifique. Avant d'agir, posez-vous la question : « À sa place, qu'est-ce que j'aimerais ou n'aimerais pas qu'on me fasse ? » Vous dégagerez ainsi quelques lignes directrices dans votre façon de vous comporter sans vous tromper. Il ne s'agit pas d'être obséquieux, mais efficace. Ce qui n'interdit pas de s'adapter à sa personnalité…

✔ ***N'empiétez pas sur son territoire.*** Vous connaissez son territoire géographique : son bureau, celui de sa secrétaire à ses côtés, la petite salle de réunion qu'il fréquente, etc. En revanche vous méconnaissez son « territoire psychologique », c'est-à-dire ce à quoi il est extrêmement sensible ou attaché et qui désigne des limites à ne pas franchir. Seule l'observation de ses résistances, de l'agressivité à telle remarque notamment ou son excès d'enthousiasme vous les indiquera. Votre manager a, par exemple, des thèmes qui lui tiennent très à coeur, un sujet où il excelle, un projet dont il a été l'initiateur, un client qu'il a fidélisé, etc. Notez tout cela, car ce sont « ses » domaines réservés. Mieux vaut alors lui laisser la main, même si les tâches y afférant vous incombent.

✔ ***Choisissez le bon moment.*** Apprenez à vous réfréner pour ne pas le déstabiliser en public. Des choses peuvent être dites en privé, mais pas devant des tiers. Veillez à ne pas le déranger quand il est d'une humeur exécrable ou sur un dossier délicat, ni à l'alpaguer dans les couloirs s'il est pressé ou qu'il déteste cela.

✔ ***Mettez les formes.*** Tout supérieur a une fibre narcissique sensible. Y toucher nécessite des précautions, bien au-delà des formules de politesse. Observez toujours la distance hiérarchique. Méfiez-vous, notamment, du manager décontracté : tout manager attend une certaine déférence. Sachez aussi jusqu'où vous pouvez aller dans le ton, dans l'affirmation, pour défendre vos idées. Et quand vous abordez un point qui fâche, faites-le en douceur, graduellement. En bref : évitez toutes formes d'agressivité.

✔ ***N'hésitez pas à le féliciter après une victoire.*** Cela se pratique aussi dans ce sens-là. Restez sincère, juste. Amenez vos compliments, très appuyés, en commençant par une légère critique envers vous-même « Je n'étais pas entièrement d'accord avec vous sur cette solution, et puis j'ai réfléchi, finalement c'était la bonne, les résultats sont là… » Ajoutez, si la situation s'y prête, une légère réticence (authentique) sur un détail.

Conseil pratique

Comment aborder un point crucial ?

→ **Sollicitez un entretien.**

→ **Trouvez un prétexte plausible pour le voir, ou un sujet secondaire. Ce sera votre thème d'attaque avant de parler de votre cœur de cible.**

→ **Au préalable, notez vos arguments, afin d'éviter les réponses floues.**

→ **Anticipez ses réactions ou ses questions.**

→ **Détendez l'atmosphère en invoquant, par exemple, un argument de votre grand-mère : « Qui ne demande rien n'a rien ! Alors… » Mettez rapidement votre manager en situation de vous donner un conseil éclairé, il sera ensuite dans d'excellentes dispositions pour vous écouter.**

❷ Jouez finement et avec tact

Prendre l'ascendant sur votre manager est utile dans certaines situations, à condition que ce soit de façon discrète et pour de louables motifs (faire aboutir son point de vue ou ses projets). D'ailleurs, votre manager n'use-t-il pas de stratagèmes similaires sur vous ? Procéder de même reste donc de bonne guerre. Toujours dans l'optique de ne pas le

Conseil pratique

L'art de faire passer des messages « subliminaux »

Il est parfois difficile de parler franchement à son manager. Alors, tentez une autre voie : parlez à son subconscient. Par exemple, prêtez-lui un ouvrage ciblé, une publicité sur un séminaire choisi, ou transférez-lui un mail éloquent traitant d'un sujet de management qui le vise : sa difficulté à trouver du temps, à écouter, à trancher. S'il a de l'humour, ce sera efficace... Dans tous les cas, agissez avec prudence. Discutez aussi, mine de rien, dans un bus, à la machine à café, au restaurant d'entreprise, hors de votre bureau, vous serez plus léger, et avec un titre de film, le nom d'une destination de voyage, vous le conduirez sur votre terrain : un projet, une envie, un problème. Via la technique d'association d'idées, on se fait très bien comprendre. Et ainsi vous aurez évité les mots qui font peur !

froisser, choisissez quelques sobres subterfuges qui ont fait leur preuve pour rester maître du jeu.

✔ ***Pour respecter sa supériorité hiérarchique :***

- ne le prenez pas de vitesse sur un point capital, même si vous avez une solution ;
- laissez-le croire qu'il est à l'origine d'une décision que vous lui avez soufflée ;

✔ ***Pour l'impressionner :***

- mentionnez au détour d'une conversation vos relations, soit avec des figures de la profession, soit avec des appuis utiles auprès de vrais décideurs dans l'entreprise ou chez un concurrent. Cela vous donnera du poids ;
- faites-lui part de votre érudition, de vos goûts culturels ou de vos hobbies s'il y est sensible.

✔ ***Pour l'influencer :***

- pratiquez le « distinguo » : autrement dit, faites des distinctions dans un propos, en donnant votre accord global sur une décision, en glissant une petite critique en annexe, sur un point d'éxécution ;
- utilisez « l'amalgame » : associez des éléments de natures différentes, un projet qui vous ne séduit pas, mis dans le même sac qu'un autre pour la seule raison que l'ingénieur qui le pilote est le même.
- restez ambigu sur des points qui vous desservent (s'ils sont mineurs, bien sûr), ou embellissez à votre avantage des points majeurs ;
- laissez croire à de l'indifférence de votre part (en cas de besoin).

❸ Faites-vous « l'obligé » de votre manager

Voilà un moyen puissant de valoriser votre supérieur sans vile flatterie. En outre, vous en tirerez un bénéfice secondaire : la pression qu'il fait peser sur vous tombera pour de longs mois.

Alors mettez habilement votre manager dans le coup d'un projet que vous menez haut la main. Testez la formule. Interpellez-le avec cette phrase-sésame : « J'ai besoin que vous me rendiez service ! » À tous les coups, vous obtiendrez la réponse suivante : « Si je peux ! » Et ce, avec une sincère humilité.

Il sera en effet ravi que vous lui demandiez son avis par cette voie détournée. D'abord parce qu'il se sentira utile, ensuite parce qu'il sera conforté dans son autorité sans nier votre expertise.

Toutefois, notez que le procédé ne fonctionne que si la question porte sur des points marginaux et non sur votre cœur de compétences car vous risqueriez de vous décrédibiliser. Vous pourrez lui demander d'intervenir auprès d'un tiers pour débloquer une situation, des conseils sur le ton ou la forme d'un dossier, des idées pour contacter une personnalité, etc.

Pour aller plus loin

L'histoire de monsieur Perrichon

« Les hommes ne s'attachent point en raison des services que nous leur rendons, mais en raison de ceux qu'ils nous rendent », écrivait Eugène Labiche au XIXe siècle, dans sa pièce *Le Voyage de Monsieur Perrichon*.

Héros de la comédie, ce bourgeois parti en vacances au Mont-blanc, glisse lors d'une excursion au bord d'une crevasse. Un prétendant à la main de sa fille le sauve de la chute, et pense, du coup, avoir gagné ses galons de gendre.

Mais plus tard son rival, du voyage lui aussi, manque de chuter à son tour. Et c'est monsieur Perrichon qui le sauve...

C'est lui qu'il choisit pour épouser sa fille. Avantage imparable : il est devenu l'obligé de son beau-père !

Section 4

Faites-vous des alliés

Contrecarrez ce vieil adage : « diviser pour mieux régner », car la tentation est grande chez tout manager de tuer ainsi dans l'œuf toute coalition éventuelle contre son autorité dans son équipe et autour. Il vous faut assurer votre position, de façon préventive, en tissant des liens privilégiés dans l'entreprise, voire en dehors.

❶ Privilégiez des rapports sains et bénéfiques

Votre préoccupation principale reste de neutraliser les ruses de votre manager, mais pas de lui nuire. Ne perdez pas de vue cette règle d'or, afin de rester lucide sur le choix de vos « compagnons d'arme », que vous réunirez pour la bonne cause. Et méfiez-vous des ennemis de vos ennemis, car ils ne seront pas tous obligatoirement vos amis.

✔ ***Identifiez une cause de ralliement.*** La plus évidente et la plus mobilisatrice consiste à décloisonner les tâches, les projets et la circulation de l'information. Ceci pour éviter les incompréhensions et conflits dans une même entité et contrecarrer toute politique de favoritisme. Le jeu collectif prime sur le jeu personnel. Vous créez ainsi de la solidarité, une force pour obtenir auprès de votre manager du mieux pour tout le monde.

✔ ***Nouez des alliances d'intérêt.*** Ce sont les plus naturelles, puisqu'elles reposent sur les objectifs communs décrits ci-dessus. Elles visent bien sûr vos collègues ou autres coéquipiers en entreprise. Ce ne sera pas forcément gagné d'avance, à cause de relations interpersonnelles parfois difficiles entre individus. Examinez donc de près chacun des candidats potentiels pour exclure vos vrais ennemis : les manipulateurs ou de futurs félons.

✔ ***Excluez les alliances dangereuses.*** Ce sont toutes celles qui risquent de vous embarrasser ou de se retourner contre vous. Vous les cocherez dans votre liste :

- les personnes fragiles à un moment donné, car ils ne sont pas fiables et sont peu tenaces dans l'adversité ;
- les personnages puissants, car ils risquent de vous délaisser au moindre renversement de situation ;
- les gens trop élitistes, qui manquent parfois du sens des réalités, car ils peuvent vous entraîner dans des raisonnements complexes..

Conseil pratique

Savoir reconnaître les manipulateurs

Dans votre quête d'alliances, vous risquez d'être manipulé. Surtout si vous êtes tenaillé par la peur de perdre votre emploi ou une grande soif de reconnaissance. Ces sentiments occulteront une bonne perception d'un associé potentiel. Or le manipulateur est invisible, banal. Dix attitudes types vous aideront à le démasquer :

➜ il semble inébranlable, il sait tout, connaît tout ;

➜ il est obstiné et pratique l'insinuation ;

➜ il ne reconnaît jamais ses torts ;

➜ il considère toute critique comme une attaque personnelle ;

➜ il contre-attaque, accusant son accusateur ;

➜ il feint l'incompréhension et prend les autres à témoin pour se disculper ;

➜ il ne cesse de critiquer et amplifie le détail qui va dans son sens ;

➜ il refuse qu'on existe ou qu'on pense en dehors de lui ;

➜ il agit à l'encontre de ses dires ;

➜ il culpabilise sa « victime ».

❷ Apprenez à proposer votre aide

Pour rallier à votre cause des collaborateurs plus lointains, il faut tisser des liens de reconnaissance Le moyen le plus simple : leur rendre des services précieux, à bon escient et discrets. L'éventail est large, il va du coup de main ponctuel, de l'aide experte sur un dossier, à la mise en relation avec des tiers. Vous trouverez ce qui est judicieux selon vos compétences et selon le moment.

Ce qui compte, c'est que tout cela crée des liens qui ne sont pas d'ordre purement amical ou professionnel, mais qui engagent la loyauté.

✔ ***Attention toutefois, dans ce registre, deux dangers vous guettent :***

- le service rendu trop important ou trop fréquent, qui indispose car il force la main ;
- le service totalement fabriqué, inutile, qui donne le sentiment d'émerger uniquement dans un but intéressé.

✔ ***Pour être efficace, le service qui oblige autrui doit donner l'envie à son destinataire d'entrer dans un jeu de réciprocité.*** Je donne quelque chose, je recevrai plus tard autre chose. Un échange de bons procédés, permettant à chacun de tirer profit des compétences de l'autre et de gagner en confiance mutuelle. Pour sonner juste, l'aide proposée doit :

- se saisir d'une opportunité, accompagner l'autre à avancer ou à sortir d'un mauvais pas ;
- être toujours justifiée ;
- être mesurée, proportionnée à l'enjeu du moment et à la capacité de l'autre à l'absorber ;
- être renouvelée et à chaque fois être bienvenue.

✔ ***Pour offrir votre soutien, soyez diplomate.*** Ne vous présentez pas comme un sauveur. Faites parler votre interlocuteur de ce qui l'intéresse, de son souci. Il deviendra réceptif et vous pourrez introduire alors votre suggestion. Cependant, laissez à l'autre la possibilité de choisir. Dites-lui : « Vous êtes tout à fait libre de… », une phrase magique, qui incite à dire oui.

Témoignage

Le piège des « petits services » rendus

Joseph, jeune salarié dans un groupe d'agroalimentaire, a été le « pigeon » d'une entraide douteuse. Méconnaissant le système clanique structurant l'entreprise, il a cédé à la sollicitation d'un homologue d'un autre service, Laurent, sur un sujet mineur. Il le dépanne, pensant ainsi accélérer son intégration. À son tour, il reçoit un coup de main sur une urgence. Vient, plus tard, un second petit service, plus impliquant pour Joseph. Il le rend. Ignorant que son propre supérieur est d'un clan opposé au clan d'appartenance du chef de Laurent.
C'est ainsi que par le biais de l'amalgame, Joseph s'est vu transformer en traître à son propre service puisqu'il avait travaillé pour l'adversaire et, pire, accepté son aide. Une situation qui a failli lui coûter son poste !

Et vous, où en êtes-vous ?

Faites le portrait de vos alliés et de vos rivaux et le bilan de vos alliances

Avec qui suis-je allié ?

Qui sont mes alliés (portraits) ?

Pourquoi me suis-je allié avec eux ?

Où sont et qui sont mes rivaux ?

Pourquoi est-ce que je ne m'entends pas avec eux ?

Avec qui aurais-je intérêt à m'allier ?

Avec quels rivaux et pourquoi aurais-je intérêt à améliorer mes relations ?

Pour connaître le résultat de votre autoévaluation, reportez-vous page 118.

L'essentiel

ÊTRE À L'AISE AVEC SOI-MÊME ET AVEC SON ENVIRONNEMENT PROFESSIONNEL CONSTITUE LE SOCLE D'UNE BONNE ENTENTE PROFESSIONNELLE AVEC SON SUPÉRIEUR.

1 NE VOUS LAISSEZ PAS IMPRESSIONNER

Lutter contre un sentiment de dévalorisation personnelle et redonner ses dimensions humaines à son manager, tout supérieur qu'il soit. Cela aide à garder une relation équilibrée.

2 RESPECTEZ LA BONNE DISTANCE HIÉRARCHIQUE

Apprendre à se plier aux codes apparents de l'autorité et à se soumettre en surface pour mieux faire passer ses messages (à ne jamais oublier sous peine de retour de bâton).

3 IMAGINEZ-VOUS À LA PLACE DE VOTRE SUPÉRIEUR

Élargir son propre champ de vision pour évaluer les devoirs liés à la fonction de commandement et sa zone d'influence. C'est la meilleure façon de recueillir des éléments objectifs donnant la mesure des marges de manœuvre de son chef et des changements possibles.

4 RALLIEZ ET CULTIVEZ DES AFFINITÉS DE TRAVAIL

Se constituer un réseau d'alliés plus ou moins proches. C'est un aspect essentiel pour conforter sa position au travail, préparer des avancées professionnelles et prévenir les risques de déstabilisation.

❑ ***Notes personnelles***

Chapitre 5

Desserrer les liens de dépendance avec son manager

Objectifs du chapitre

- ✗ Apprendre à garder du recul.
- ✗ Entrer en action pour vous affirmer.
- ✗ Développer une bonne image au sein d'une équipe.

Section 1

Apprenez à vous préserver personnellement

C'est un côté souvent négligé dans nos rapports avec les autres. Garder ses distances est une attitude salutaire dans toute relation – et qui plus est, avec un supérieur ! À défaut, vous serez happé par la mécanique de la vie professionnelle et vous deviendrez une proie idéale pour un chef sans scrupule. Aussi faut-il vous soucier de votre propre sécurité : défendre votre espace privé et ne pas vous surinvestir dans votre relation avec votre manager.

❶ Conservez un espace d'intimité

Pensez à conserver son espace d'intimité ne suffit pas. Le concrétiser par des actes est fondamental pour préserver votre intégrité, votre équilibre personnel. Votre manager a besoin de temps de respiration, de réflexion… Vous aussi. D'ailleurs, vous n'en serez que plus efficace.

Il s'agit donc d'apprendre à « ouvrir et à fermer la bulle » ; autrement dit, à organiser votre indisponibilité envers votre supérieur hiérarchique, essentiellement sur deux plans : l'espace et le temps.

⏭ Délimitez votre territoire spatial

Ne laissez pas votre manager l'envahir :

✔ ***Règle de base à ne pas oublier :*** l'emplacement physique qui vous est dédié est le vôtre. Votre supérieur ne peut donc pas s'asseoir à/sur votre bureau, ni fouiller dans vos affaires ou votre ordinateur impunément, sauf autorisation ou cas extrême.

✔ ***Règle à lui instiller :*** le droit de vous isoler géographiquement, soit à votre bureau, soit dans un espace neutre de l'entreprise, que vous faites vôtre à des moments clés de votre activité. À cet endroit, rendez-vous injoignable !

✔ ***Règle à lui imposer :*** le respect de la bonne distance physique autour de vous. Par exemple, il n'a pas à vous taper sur l'épaule à tout bout de champ.

✔ ***Règle à lui faire accepter :*** le droit de ne pas être interrompu à tout bout de champ lors d'un entretien que vous avez avec lui. Si votre manager répond au téléphone (fixe et mobile) ou consulte ses mails en votre présence, il viole votre espace. Il est préférable qu'il se rende disponible, ou alors demandez un autre rendez-vous. De la même façon, refusez d'être assis sur une chaise plus basse que la sienne, demandez en une autre en expliquant votre inconfort.

⏭ Délimitez votre territoire temporel

Ne laissez pas votre manager vous interrompre à tout moment :

✔ ***S'il surgit à l'improviste, terminez ce que vous avez commencé.*** Puis expliquez que vous avez bien dix minutes à lui consacrer mais pas plus, vu vos priorités du moment. Cependant, proposez-lui de prendre rendez-vous pour un peu plus tard. S'il vous entreprend à la cafétéria sur un dossier en cours, alors que vous faites une pause, différez de la même manière.

Pour aller plus loin

Qu'est-ce que la proxémie ?

C'est moduler ses distances selon les circonstances et les personnes. Cette notion a été développée par l'anthropologue américain Edward T. Hall en 1966. Il y a quatre distances types de la proxémie :

➜ la distance intime, celle de la confidence : de 20 à 50 cm. Le contact physique est possible, on ne peut pas dissimuler ses émotions. Utilisée à mauvais escient, elle est considérée comme un envahissement ou une agression ;

➜ la distance personnelle, celle de la connivence : de 50 cm à 1,20 m. Celle de la simple conversation civile. On lit les expressions du visage ;

➜ la distance sociale, celle de la neutralité : de 1,20 m à 2,40 m. Le contact physique n'est plus possible. Chacun peut battre en retraite intérieure et gérer ses émotions dans le secret ;

➜ la distance publique, celle du charisme : jusqu'à 8 mètres et au-delà. Celle de la réunion d'entreprise où il faut donner de la voix.

✔ ***Apprenez aussi à écourter une réunion avec lui si elle s'éternise au-delà de l'heure prévue.*** Ou éclipsez-vous si vous êtes plusieurs. Expliquez poliment que vous avez d'autres obligations, déjà évoquées au préalable.

✔ ***Sécurisez votre temps personnel :*** coupez votre téléphone (ou ordinateur) portable professionnel si vous en avez un. Ne répondez pas aux

Conseil pratique

Restez prudent : votre manager n'est pas un ami

Dîners, cinéma, week-ends ! Mélanger les genres, son manager avec sa famille ou ses amis, reste périlleux, surtout s'il est chaleureux, ouvert, curieux ; et que vous lui demandez conseil, sur le plan personnel.

Attention ! Vous risquez de le prendre pour ce qu'il n'est pas. Et de surinvestir affectivement dans une relation professionnelle. N'oubliez pas que votre manager est d'abord celui qui vous fixe des objectifs, qui vous évalue, qui émet un avis sur vos augmentations et vos évolutions.

En cas de mauvais résultat ou de critique au travail, vous conclurez (si vous êtes trop proche de lui) qu'il vous en veut personnellement. Autre danger : vous vous exposez davantage à être manipulé par lui.

appels de votre manager s'il a accès au vôtre : c'est un abus de sa part !

❷ Échangez sans trop en raconter sur vous

« Tout ce que vous pourrez dire pourra être retenu contre vous. » La formule peut également avoir du sens en entreprise. Certes, vous n'êtes accusé de rien, mais au fil du temps les situations peuvent se compliquer, voire se renverser ; et le désamour ou l'indifférence succéder à l'amour entre votre manager et vous avec leur cortège d'émotions et de réactions excessives... Méfiez-vous de vous-même ! Détectez tout de suite si vous êtes en demande, avec un fort besoin d'être aimé. Il s'agit pour vous d'anticiper le scénario du pire et donc de défendre votre territoire affectif. N'oubliez pas : votre manager à des impératifs de carrière... Il a le pouvoir de constituer des dossiers contre vous.

Mais attention à ne pas vous murer dans un silence total sur votre vie, car vous pourriez passer pour quelqu'un d'associable. Toutefois, **distinguez ce que vous pouvez dire et ce qu'il est préférable de taire**. Par exemple, vous raconterez des vacances, ferez partager des émotions sur une lecture, ou des soucis sur l'éducation des enfants en général. Inutile cependant de lui dévoiler vos démêlés conjugaux, de grosses difficultés financières ou les angoisses existentielles qui vous ont conduit chez un psy.

Gare notamment aux fins de journée, qui sont propices aux confidences... Surtout si votre supérieur se lance le premier, car vous serez tenté de le suivre. Soyez circonspect également avec vos collègues bavards. Pensez que l'un d'entre eux peut prendre un jour la tête du service ou d'une autre entité...

Et vous, où en êtes-vous ?

Avez-vous trouvé votre place auprès de votre manager ?

En répondant aux questions suivantes vous prendrez conscience de ce que vous vous autorisez avec votre manager.

		Oui	Non
1	Votre manager accède-t-il à vos dossiers sans passer par vous ?		
2	Votre manager vous impose-t-il une familiarité qui vous gêne ?		
3	Votre manager interrompt-il votre travail sans vous interroger sur ce que vous faites ?		
4	Vous arrive-t-il de faire valoir vos priorités pour lui demander de différer une sollicitation ?		
5	Avez-vous déjà pris l'initiative de quitter une réunion qui s'attardait au-delà de l'échéance prévue ?		
6	Vous arrive-t-il de vous isoler pour terminer un travail important et urgent ?		
7	Vous arrive-t-il de ne pas répondre à des questions trop personnelles de votre manager ?		
8	Avez-vous décidé clairement de ne pas aborder certains sujets de votre vie personnelle avec votre manager ?		
9	Avez-vous le sentiment qu'un bon contrat de confiance est en place avec votre manager ?		
10	Acceptez-vous un reproche justifié sans trop d'agacement ?		
11	Est-ce que votre manager respecte vos pauses de travail ?		
12	Est-ce que vous prenez l'initiative d'aborder avec votre manager des sujets qui vous tiennent à cœur ?		
13	Est-ce que vous éprouvez en général un sentiment de liberté avec votre manager ?		
14	Est-ce que vous savez tenir compte de ses priorités ?		
15	Est-ce que vous êtes capable de donner suite à ses explications pour changer de décision ?		

Pour connaître le résultat de votre autoévaluation, reportez-vous page 119.

Section 2

Fixez des limites aux pressions

Cette question est vitale. Il faut savoir dire stop ! Ne vous laissez pas asphyxier, les conséquences pourraient être dramatiques pour vous. Songez que votre employeur n'a aucun intérêt à voir chuter votre tonus, ni à constater des absences répétées pour surmenage. Et puis, à supporter l'intolérable, vous finirez par prendre votre manager en grippe. Mieux vaut donc exprimer un refus ferme et courtois.

❶ Osez dire non

Dire non, c'est vous affirmer face à l'autorité de votre supérieur. Mais en aucun cas ce n'est transgresser les lois de l'entreprise.

Vous avez maints motifs valables de refuser une demande : la cote d'alerte est passée sur votre charge de travail, tel dossier inextricable n'est pas de votre ressort, vous manquez de moyens suffisants sur un projet, vous outrepassez vos attributions, les méthodes sont contestables, etc. Si la pression est trop forte et confine au chantage, dire non est alors plus qu'un droit, c'est un devoir.

Dire non est un apprentissage pour tout le monde. Quand on est de bonne volonté, on a tendance à en accepter beaucoup ; au risque d'entrer dans une spirale infernale de oui successifs et de forcer ses propres résistances physiques et psychiques.

⏭ Notez ce qui vous empêche de refuser

Refuser, vous savez le faire dans la vie courante, quand quelque chose ne vous plaît pas. Alors pourquoi pas là ? Est-ce la hiérarchie qui vous impressionne ? Dressez un état des lieux de vos craintes : peur de décevoir, peur de blesser, peur de ne pas être aimé, peur des représailles ou du conflit, peur d'être jugé paresseux, rebelle, incompétent. Puis demandez-vous :

- ✔ Dans le cas présent, suis-je vraiment obligé d'obéir ?
- ✔ Et que m'arrivera-t-il si je m'oppose ?
- ✔ Au pire, quelles seront les conséquences ?
- ✔ Suis-je sûr qu'elles se produiront ?
- ✔ Et si c'est le cas, comment limiter les dégâts ?
- ✔ Ai-je le droit de voir les choses autrement ?
- ✔ En quoi mon manager m'est-il supérieur ? En quoi mon point de vue est-il moins respectable que le sien ?
- ✔ C'est ce qu'il dit, mais a-t-il vraiment raison ?

Étirez ainsi le fil : vous trouverez votre légitimité à dire non.

Sériez vos priorités

L'urgence est souvent l'atout maître de votre manager, vous plaçant au cœur d'un conflit de priorités. Si vous avez votre planning en tête ce sera plus facile d'argumenter, avec des dates, des chiffres, des faits précis. Et vous serez plus serein, prêt à positiver votre opposition. Par exemple : « Je suis ennuyée, mais en 48 heures, c'est impossible ! »

Proposez une alternative

Distinguez bien les moyens de l'objectif. Votre manager doit comprendre que vous ne faites pas d'obstruction. Avec un « oui mais », vous êtes prêt à composer, sous condition : il vous soulage d'une tâche, vous accorde un délai, une aide ponctuelle, des moyens supplémentaires… Ou alors, employez le « non mais », en l'aiguillant sur un autre collaborateur ou un sous-traitant compétent. Vous découvrirez peut-être, aussi, un sens caché à la demande, partager une responsabilité sur un dossier, par exemple.

Conseil pratique

La fable du vieux sage et des galets

Devant ses disciples, un vieux sage remplit un bocal de galets. Il questionne : « Puis-je encore mettre quelque chose ? » Réponse unanime : « Non » Le sage prend des graviers qu'il introduit dans le récipient. Ceux-ci se logent entre les galets. « Puis-je ajouter autre chose ? » « Oui », disent les disciples. Ils prennent du sable qu'ils versent dans le bocal. Le sable glisse dans les interstices, occupant tout l'espace restant. Moralité : le bocal contient plus d'éléments qu'on ne le croit à condition de commencer par les plus gros. Ce sont eux, vos priorités.

Mémento

Dites non à la demande mais oui à la personne

Optez pour la méthode « Accept » :

→ A comme accueillir la demande : prendre le temps d'écouter.

→ C comme cadrer la demande : ne pas couper l'autre dans ses explications, déceler la demande sous-jacente.

→ C comme clarifier ses contraintes : indiquer d'autres priorités.

→ E comme exprimer ses regrets : récapituler les raisons du refus.

→ P comme proposer une solution : différer l'exécution, etc.

→ T comme terminer sur une note positive : obtenir un accord sur la suite.

2 Sachez assumer un conflit

C'est une situation délicate à gérer avec un supérieur. Mais s'il ne vous fait guère confiance, ou s'il rejette vos arguments, vous irez inévitablement au clash. En général, mieux vaut qu'éclate un conflit ouvert plutôt que persiste un conflit rampant. Si vous avez de bonnes raisons de refuser une demande de votre manager, soyez sans crainte. Pas la peine de vous culpabiliser ni de vous justifier !

⏭ Adoptez de bons réflexes

Si le ton monte et s'envenime, détachez-vous délibérément de la situation :

- ✔ Évaluez si votre supérieur teste votre capacité à résister à la colère.
- ✔ Ne marchez pas tout le temps sur des œufs, dites simplement votre vérité.
- ✔ Restez clair et pédagogue sur ce qui n'est pas négociable pour vous.
- ✔ Reconnaissez ce qui est juste dans ce que dit votre manager.
- ✔ Évitez de vous emporter ou de riposter à des termes violents.
- ✔ Reconnaissez vos émotions (fortes) et celles de votre manager.
- ✔ Ne lui prêtez pas des intentions qu'il n'a pas.
- ✔ Apprenez à vous taire pour être en mesure de l'écouter.

Rappelez-vous qu'au besoin vous pouvez toujours quitter la pièce. Notez que certaines personnes savent le faire instinctivement quand la situation bloque. Il suffit de dire de façon calme et posée : « Excusez-moi, je pense qu'il serait préférable de poursuivre cette discussion plus tard. » Ainsi, vous laissez des ouvertures tout en reprenant le contrôle de la situation.

Restez constructif

En général, toute tension connaît des phases ascendantes puis descendantes. En fin de cycle, soyez constructif, trouvez un point d'entente pour communiquer. L'important, c'est de détendre l'atmosphère et de renouer le contact, même sur un plan annexe, sinon, le conflit continuera de couver. Ensuite, vous pourrez parler de vos différends et coopérer pour trouver la meilleure solution.

Gérer les tensions, les crises et les conflits

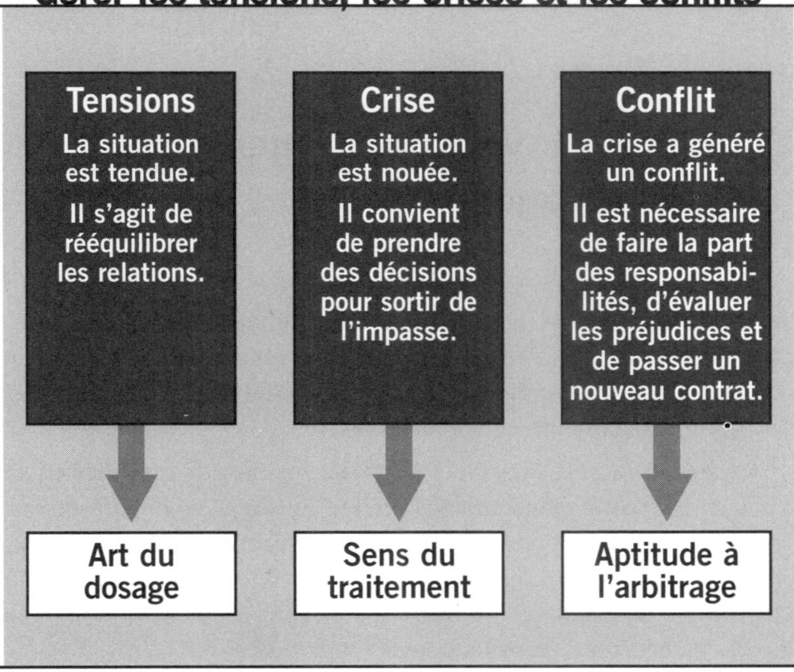

Section 3

Agissez en faisant la part des choses

Prendre du recul, c'est le moyen de vivre ce qu'on ne peut pas changer. Si vous pouvez améliorer des situations objectives, vous ne pourrez pas changer votre manager. Il vous faut composer avec lui, sans renoncer pour autant à ce que vous êtes.

❶ Relativisez : vous ne changerez pas votre manager

Vouloir changer son supérieur est un leurre. Et l'exclure de votre jeu revient à vous exclure du sien, sans parler de vous fermer des portes dans l'entreprise… Il est ce qu'il est ; il faut donc faire avec. De même que votre manager, de son point de vue, doit faire avec vous. Ne l'oubliez pas. Cela vous aidera grandement à relativiser.

Cependant, vous n'êtes pas totalement impuissant, car à défaut de « gouverner » votre manager, vous pouvez vous gouverner vous-même. La meilleure posture consiste à chercher à réformer vos attitudes. Vous vivrez bien mieux les événements et vous amènerez votre supérieur à s'interroger et, par effet boomerang, à changer lui aussi. Plusieurs méthodes, décrites ci-dessous, peuvent vous guider.

⏭ Optez pour la « méthode de la réduction »

Elle est prônée par les philosophes stoïciens de l'Antiquité. Il s'agit de réduire votre surface d'exposition à la méchanceté, à la malveillance, ou à la bêtise d'autrui. Pour empêcher un chef sans scrupule de vous empoisonner l'existence, il faut arriver à y penser le moins possible. Si on y pense à tout instant, c'est comme s'il envahissait votre cerveau. Il faut donc le « réduire », se dire : « Il est en colère, ce n'est que cela.

Il suit sa propre loi, comme le Nil a des crues tous les ans. » N'interprétez pas autre chose et restez-en là.

⏭ Optez pour un nouvel angle de vue

Il s'agit d'envisager que votre manager ne se résume pas tout entier à ce qu'il vous donne à voir de lui. De même que vous ne vous résumez pas à un sentiment que vous exprimez à un instant T (vous n'êtes pas colérique parce que vous êtes en colère…).

Exemple : il vous complique l'existence, vous lui attribuez l'étiquette d'agressif. Cela vous arrange bien de le voir ainsi parce que vous pouvez rester sur une attitude défensive. Porter un autre regard sur lui vous obligerait à renoncer à cette attitude. Et vous renverrait peut-être à des situations du passé douloureuses pour vous. À vous d'analyser ce qui peut faire ainsi écho à des blessures personnelles et à le surmonter.

⏭ Optez pour le modelage de vos attentes

Elle consiste à changer ses espérances vis-à-vis d'une situation ou de son manager. Par exemple, vous aviez le désir d'avoir une promotion et il n'en est rien. Ne ressassez pas. Pensez autrement, « J'ai la préférence de… », plutôt que « Je souhaite…. ». La préférence, à l'inverse du désir, vous évite de penser en victime. Ainsi, vous lâcherez prise sur des frustrations et du ressentiment envers votre supérieur. Vous serez prêt à passer à autre chose.

Pour aller plus loin

Être stoïque et le stoïcisme

Dans le langage courant, être stoïque, c'est endurer sans rien dire. Dans le vrai stoïcisme, celui d'Épictète (un ancien esclave) et de Sénèque (Ier siècle ap. J.-C), de Marc Aurèle, qui fut empereur romain (121-180 ap. J.-C.), l'ordre du monde ne dépend pas de nous. Il faut donc se concentrer sur ce qui dépend de nous : nos pensées, nos représentations. Puis accepter le monde et le vouloir tel qu'il est, car selon les stoïciens il est foncièrement bon. Vouloir le monde, c'est en devenir acteur, jouer son rôle de bonne grâce, au lieu de le subir.

Notre vrai maître, disent les stoïciens, c'est notre raison, la partie la plus puissante de notre âme. Être stoïcien, c'est ne pas se laisser affecter, se souvenir que l'autre est mauvais parce qu'il est faible. C'est placer le maître intérieur (sa raison) au-dessus du maître extérieur (le chef). Ayant ainsi pris ses distances, on cesse d'être passif. On sauve l'essentiel, le jugement, « la citadelle intérieure », celle que personne ne peut pénétrer.

Tout ce cheminement suppose d'abandonner votre projet implicite à l'égard de votre manager. Et de vous recentrer sur vous-même en restant actif dans la situation. Une étape indispensable…

❷ Acceptez de faire des compromis

Vous avez pris acte qu'il fallait composer avec la réalité de votre manager. Vous pouvez maintenant stopper cette complicité circulaire qui vous entraînait tous les deux dans un conflit perpétuel. Vos caractères, vos façons de voir les choses se heurtent ? Ne soyez pas trop rigide sur vos positions intimes.

⏭ Trouvez un modus vivendi

Il ne s'agit pas de se compromettre, ni de se trahir, ni de renoncer à ses valeurs. Il s'agit de renoncer à blâmer votre manager ou à émettre des critiques à son égard en permanence. Trouvez un *modus vivendi* dans un respect mutuel. Votre meilleur atout sera votre intuition, votre ressenti. Sondez vos résistances, observez celles de votre supérieur hiérarchique, évaluez ce que vous supporterez. Vous trouverez des marges acceptables sur bien des points.

⏭ Sachez lâcher prise

Il s'agit de vous détacher. Vouloir à tout prix avoir raison, ou être « meilleur que » par exemple, vous empêche de vous concentrer sur vos vrais objectifs : progresser dans votre métier, asseoir votre réputation professionnelle, etc. quitte à modifier votre but (avoir des responsabilités, etc.) trop inatteignable pour l'instant. Ce n'est pas un aveu de faiblesse, c'est faire preuve d'une intelligence de situation.

Mémento

Qu'est-ce que le « lâcher prise » ?

Il existe en la matière six règles d'or à respecter vis-à-vis de votre manager :

- **➜ admettre que vous ne pouvez ni le contrôler ni faire à sa place ;**
- **➜ tirer les leçons de sa position hiérarchique et des événements ;**
- **➜ reconnaître sa propre impuissance ;**
- **➜ lui accorder le droit d'être humain ;**
- **➜ l'accepter et non le rejeter ;**
- **➜ déceler vos propres faiblesses plutôt que le blâmer, lui.**

⏭ Sachez préserver l'essentiel

Chacun lâche un peu de lest, se rejoignant à mi-chemin, sans avoir exploré toutes les options possibles. Précisément, il s'agit pour vous de préserver l'avenir. Autrement dit, dans l'immédiat vous accédez à certaines demandes de votre manager : coller à son rythme de travail plus lent que le vôtre, accepter un rôle relationnel que vous n'aimez guère, être plus présent que prévu. Tel est le compromis acceptable – votre cœur métier n'étant pas affecté – de votre relation.

En revanche, veillez à préserver l'essentiel, à savoir garder vos interlocuteurs préférés et prospecter des domaines professionnels que vous affectionnez, par exemple.

Et reconsidérez ce qui est important pour vous (amis secondaire, après réflexion) comme des points simplement différés : la super formation de huit mois qui aurait conforté votre plan de carrière, le projet d'enseigner à l'école de commerce, le désir de télétravail, etc.

Rien ne vaut la patience ! Et qui plus est, vous pourrez faire de ces points-là l'objet d'une pré-négociation pour le futur.

Conseil pratique

L'art de composer avec les manies de son manager

Il s'agit de bien les repérer. Vous comporter en fonction d'elles ne vous engage pas fondamentalement. Certaines vous agacent, ce sera alors une bonne façon de vous initier à prendre sur vous :

- **➜ il aime discuter tôt le matin ou il aime discuter tard le soir ;**
- **➜ il aime avoir son équipe sous la main ou il la préfère en prospection ;**
- **➜ il aime les contradicteurs ou il recherche les béni-oui-oui sur la forme ;**
- **➜ il aime être informé au fil de l'eau, il préfère des séances récapitulatives ;**
- **➜ il aime communiquer par mail ou il préfère une présence physique ;**
- **➜ il pratique le management baladeur dans les bureaux ou il préfère les tête-à-tête…**

Section 4

Exprimez votre identité

Vous êtes au sein d'un groupe (d'une équipe) piloté par un manager. On ne voit que lui, et lui voit surtout l'équipe. Il est donc temps d'œuvrer pour votre propre publicité ! Il y a ce qui vient du groupe, ce qui vient de votre manager et ce qui vient de vous. Osez vous démarquer ! Vous renforcerez votre charisme et votre indépendance.

❶ Distinguez-vous par votre valeur ajoutée

Au sein d'une entreprise, il existe une forme de compétition entre collaborateurs. Elle peut être tout à fait saine et stimulante. Et dans ce cas, il n'y a pas de honte à entrer dans le jeu si vous restez honnête. Il s'agit de vous distinguer des autres, de prouver la pertinence, la qualité et la valeur ajoutée de votre travail.

Il est éventuellement important aussi d'étonner votre manager s'il semble avoir une mauvaise opinion de vous. Peut-être nourrit-il des préjugés à votre égard, vous limitant finalement dans vos activités, alors que la palette de vos talents est large… Alors, déployez-les tous !

⏭ Apprenez à valoriser votre savoir-faire en interne

✔ ***Soignez votre façon de communiquer sur vos réussites :*** faites part d'un projet que vous avez su mener à bien, exploitez votre expertise, insistez sur les obstacles que vous avez su surmonter.

✔ ***Communiquez sur vous :*** publiez, par exemple, un petit livre blanc sur votre spécialité, de 5 à 20 pages, du genre « les dix règles d'or d'une démarche achat dans tel secteur ».

✔ ***Saisissez la moindre occasion d'intervenir au nom de l'entreprise*** à des colloques ou dans le journal interne.

✔ ***Faites connaître vos activités extérieures qui valorisent vos compétences*** (d'animateur ou de gestionnaire dans un club ou une association, par exemple).

Surprenez votre entourage

Soyez imprévisible, vous déconcerterez votre manager qui aura, du coup, moins de prise sur vous. Lancez un projet, là où on ne vous attend pas, proposez-vous sur la mission d'envergure qui se présente.

Vous en tirerez de très grands bénéfices :

- ✔ *Primo,* vous éviterez de vivre des frustrations, surtout si c'est votre collègue qui, d'habitude, a tendance à s'imposer ou à innover.
- ✔ *Secundo,* vous aurez des retombées positives, puisque vous réussirez.
- ✔ *Tertio,* vous ne devrez ce succès qu'à vous-même ! Ce qui sera gratifiant à vos yeux.

Attirez l'attention par la force de vos propositions

Ne vous contentez pas d'être dynamique, soyez généreux, diffusez les idées intéressantes qui vous viennent. L'équipe a besoin de créatifs. Et vous serez identifié comme quelqu'un de novateur.

Tout cela, bien sûr, doit être mené avec beaucoup de doigté. Le but n'est pas de susciter la jalousie de votre manager, mais de jouer la complémentarité en démontrant tout votre potentiel.

Conseil pratique

Comment garder la paternité de ses idées ?

Votre chef a une fâcheuse tendance à s'attribuer vos idées. Il a besoin de se faire valoir auprès de sa hiérarchie… Soyez donc prudent.

Si une idée vous effleure en réunion, ou en face-à-face, empêchez-vous d'en parler. Elle n'est qu'embryonnaire, il faut la peaufiner. Évoquez-la seulement quand elle sera mûre.

Votre manager se l'attribue quand même ? Faites savoir à votre entourage que vous en êtes l'auteur. C'est plutôt flatteur, cela signifie que vos idées sont excellentes.

Toutefois, restez diplomate pour ne pas braquer votre manager contre vous. Dites qu'il a trouvé des améliorations ou d'autres applications astucieuses.

❷ Sachez tirer votre épingle du jeu

Dépassez l'horizon de l'équipe. C'est votre intérêt d'exister en dehors de votre manager. Soyez vigilant sur ce point, car certains supérieurs verrouillent l'information. Tout converge vers lui, tout part de lui.

Par conséquent, montrez que votre vie professionnelle ne se cantonne pas dans et à son seul service.

⏭ Forgez-vous une réputation

✔ ***Organisez votre* self marketing*, autrement dit faites votre propre publicité.*** Plus votre nom circulera dans l'entreprise, plus votre aura grandira. Et plus vous aurez de l'autonomie. Vous avez compris comment faire valoir votre savoir-faire dans votre entité, alors changez d'échelle et de sujet : visez toute l'entreprise.

✔ ***Trouvez-vous un mentor ou un parrain.*** Pourquoi pas ? Il vous facilitera les choses, jouera les caisses de résonance, donnant plus d'écho à vos réalisations. Tenez-le donc au courant de vos évolutions, de vos succès, de vos méthodes. Il sera votre allié de cœur. À l'occasion, il fera contrepoids si un problème se présente.

Conseil pratique

Restez à l'affût des nouveautés !

C'est une attitude d'ouverture, de curiosité. Avoir un coup d'avance fera de vous un éclaireur et une personne ressources. Vous avez la fibre technologique ? Surveillez la sortie de procédés innovants ou de modèles dernier cri utiles aux métiers de votre entité. Cela vous créera une mini-spécialité dans l'équipe et dans les services satellites.

Surfez sur les tendances et la terminologie en vogue sur le management. Vous paraîtrez savant pour en manier le vocabulaire et en connaître les gourous. Il aura suffi de scruter les publicités et catalogues sur la question pour acquérir un vernis.

Guettez aussi les mouvements de personnel chez vos concurrents ou partenaires. Ces indications sont tout aussi précieuses pour évaluer leur bonne santé que la qualité de leurs nouveaux produits.

⏭ Faites du lobbying, défendez votre cause

Soyez là où il faut et quand il faut. Cultivez votre réseau interne *via* des mails d'information bien ciblés à des gens qui comptent. Ou encore lors des cocktails maison, des réunions de fin de séminaire, des forums clients, etc. Profitez-en pour repérer les bons contacts de votre manager, vous enregistrerez vos premières impressions pour situer les uns et les autres. Improvisez vous-même des pots festifs et conviviaux. Classique, mais ça marche !

Et vous, où en êtes-vous ?

Savez-vous vous mettre en valeur ?

Travailler votre image dans votre entreprise est un élément important si vous souhaitez être reconnu ou évoluer à terme.
Pour savoir si vous faites ce qu'il faut, répondez aux questions suivantes en entourant les points correspondant à la case de votre choix.

		Jamais	Peu	Souvent	Toujours
1	Pensez-vous que la compétition entre collaborateurs est saine ?	1	3	5	7
2	Avez-vous réussi à améliorer votre image aux yeux de votre manager ?	1	3	5	7
3	Faites-vous ce qu'il faut pour faire valoir vos réussites ?	1	3	5	7
4	Parlez-vous de vos compétences hors travail ?	1	3	5	7
5	Osez-vous être candidat pour une mission d'envergure ?	1	3	5	7
6	Aimez-vous diffuser vos idées ?	1	3	5	7
7	Êtes-vous réputé pour être innovant ?	1	3	5	7
8	Cherchez-vous à vous rapprocher des gens qui peuvent vous apporter quelque chose ?	1	3	5	7
9	Savez-vous saisir des opportunités ?	1	3	5	7
10	Vous faites-vous connaître hors de votre service ?	1	3	5	7
11	Aimez-vous multiplier les contacts ?	1	3	5	7
12	Avez-vous le souci d'améliorer la présentation de vos idées avant de les évoquer en réunion ?	1	3	5	7
13	Osez-vous inviter votre entourage à partager un succès ?	1	3	5	7
14	Restez-vous en éveil à tout ce qui se fait de nouveau ?	1	3	5	7
15	Prenez-vous le temps de vous faire des amis et des alliés ?	1	3	5	7

Pour connaître le résultat de votre autoévaluation, reportez-vous page 120.

L'essentiel

POUR GAGNER EN AUTONOMIE IL FAUT VOUS DÉGAGER DE L'EMPRISE DE VOTRE MANAGER ET COMPTER BEAUCOUP SUR VOUS-MÊME. SUIVRE CES PRÉCEPTES DOIT VOUS GUIDER À CHAQUE INSTANT DE VOTRE RELATION, QUELLE QU'EN SOIT LA QUALITÉ.

1 SÉCURISEZ VOTRE ESPACE AU TRAVAIL

Garder en tête deux règles : le droit au secret de sa vie personnelle ; le fait que les échanges affectifs en entreprise sont souvent intéressés. Se ménager une sphère privée dans l'entreprise.

2 FAITES VÔTRE LA NOTION DE DISTANCE HIÉRARCHIQUE

Appliquer la juste distance espace/temps/émotions avec votre manager. Elle vaut dans les deux sens. Personne n'a intérêt à envahir l'autre.

3 PRENEZ LE RISQUE DE DIRE NON

Trouver l'audace de résister aux pressions déraisonnables de son supérieur, quitte à aller jusqu'au conflit si c'est inévitable.

4 PRENEZ ACTE DES SITUATIONS ET COMPOSEZ AVEC LES FAIBLESSES DE VOTRE MANAGER

Se soumettre en apparence en composant avec ce qu'on ne peut pas changer. Se faire une raison pour conforter son essentiel.

5 VEILLEZ À FAIRE VOTRE PROPRE PUBLICITÉ

Valoriser ses talents dans son entité et dans toute l'entreprise. Favoriser les occasions de se créer des circuits parallèles et d'accroître son prestige.

❑ ***Notes personnelles***

Chapitre 6

Garder le contrôle en toute circonstance

Objectifs du chapitre

- ✗ S'adapter à des enjeux qui nous dépassent.
- ✗ Oser faire appel à des tiers pour dénouer des situations.
- ✗ Tirer parti de ses expériences.

Section 1

Cultivez les bons réflexes face à une hiérarchie bicéphale

Avoir deux managers complique la situation, car vous entrez dans un jeu triangulaire qui augmente les risques de brouillage d'informations et de frictions entre les parties. Dès lors, il est important que vous balisiez tout ce qui vous touche afin de ne pas faire les frais d'éventuelles mésententes.

❶ Définissez d'emblée les règles du jeu

Travailler pour deux managers n'a rien d'exceptionnel. C'est même assez fréquent. Ingénieur ou technicien détaché à temps partiel sur un projet, vous serez partagé entre votre supérieur hiérarchique et le chef de projet. Créatif nommé sur un poste créé, vous risquez d'être à cheval sur deux entités. Promu ingénieur conseil, vous serez tiraillé entre votre employeur et le client chez qui vous œuvrez…

Si la situation est inédite pour vous, prenez l'initiative de provoquer une discussion, deux fois à deux, ou une fois à trois. Pas question de rester dans le flou artistique de : « Qui veut quoi ? », « Qui a priorité sur l'autre ? », « Qui tranche ? » Toute votre réflexion doit tourner autour de ces questions phares, pour « border » au maximum votre activité. Vous ne travaillerez sereinement qu'à la condition d'obtenir des réponses.

La *checklist* suivante devrait vous aider à surmonter les principales difficultés :

✔ ***Ajustez avec vos deux managers des règles de priorités.*** Vous allez devoir hiérarchiser vos tâches, mais vous avez besoin de directives générales, différenciant leurs besoins et indiquant des seuils d'alerte afin que vous puissiez gérer les conflits d'urgence.

✔ ***Tentez d'avoir un manager référent.*** Il sera le décisionnaire et celui qui appréciera votre travail en accord avec son homologue.

En outre, cela vous facilitera la vie quotidienne, pour les questions de signature (absences, notes, etc.). Ceci pour déminer des conflits au-dessus de votre tête.

✔ ***Établissez un principe de transparence.*** Vous n'avez pas l'intention de semer la zizanie. Si vous êtes très sollicité par l'un, vous le direz à l'autre. Signalez aussi que vous consignez par écrit toutes vos activités. Vous aurez des preuves de bonne foi.

✔ ***Adoptez le parler vrai.*** Si quelque chose gêne, toutes les parties doivent s'exprimer, surtout vous, car vous êtes au milieu de la mêlée !

✔ ***Suggérez des rites de relecture à trois.*** Soit de petites réunions régulières en guise de reporting qui vous signaleront les micro-dysfonctionnements dans vos méthodes, les insuffisances, les points à améliorer.

✔ ***Anticipez les frustrations.*** Faites comprendre que vous tenez compte des deux, en tenant au fil de l'eau chacun au courant de l'avancement de vos travaux.

✔ ***Assurez la confidentialité.*** Une clause non écrite qui portera sur les propos, les actions ou les petits travers de chacun, les protégeant l'un envers l'autre, ou envers des tiers. Ceci les rassurera et les libérera.

Témoignage

Au cœur des rivalités !

Documentaliste dans une maison de production, Marie se rend un jour à une convocation du grand patron. L'objet ? La fureur noire d'un de ses chefs remontée jusqu'à lui. Marie se partageait entre deux services, deux supérieurs. L'un, François, détestait le patron, Jean. Il n'était pas d'accord sur le rôle dévolu à la documentaliste et se plaignait de ce qu'elle ne travaillait plus qu'à 25 % pour lui. Jean exigea donc des explications de Marie. Ce fut pour elle une véritable « douche froide ! Car j'exécutais ma mission. Mais je n'avais pas réalisé que j'avais été recrutée pour bousculer un système. François était habitué à un service classique, ses équipes aussi. Or Jean voulait qu'elles fassent autrement ». François a reporté son mécontentement sur Marie, qui fut réprimandée et trop déstabilisée pour se défendre. « Échaudée, j'ai noté par la suite au jour le jour tout ce que je faisais. J'ai eu raison. Jean m'a convoquée à nouveau, avec des reproches identiques.
Je l'ai stoppé net en sortant mon calepin. C'était fini, les deux chefs se sont expliqués entre eux ! »

❷ Faites intervenir un tiers en cas de conflit

Il en surviendra un, c'est quasi inévitable. Mineur, vous le réglerez directement avec vos deux managers. Mais il peut prendre des proportions inattendues. Dans ce cas, ne restez pas seul, cherchez un avis extérieur.

Moins votre démarche sera officielle, mieux ce sera. Appelez à la rescousse votre mentor, manager lui aussi, si vous en avez un. Il vous connaît bien, fréquente vos supérieurs et connaît les rouages de la maison. Sinon, un allié sûr vous épaulera. Vous pourrez vous épancher, libérer vos émotions. Et dans un esprit de conciliation, ce tiers jouera le médiateur pour analyser objectivement le problème, le dédramatiser et donner à chacun l'assurance d'être entendu. L'idée, c'est de trouver avec tous les protagonistes un terrain d'entente dans une logique de gagnant/gagnant.

En revanche, **s'il s'agit d'un litige sérieux, recourez à un arbitre interne**, identifié d'un commun accord avec votre double hiérarchie. Le directeur des ressources humaines sera, en général, un meilleur choix que le manager de vos supérieurs. Parce que le premier offre une garantie de neutralité et de bienveillance capitale pour ce genre d'affaires. L'arbitre doit aider à trouver une issue et veiller à la bonne application des décisions prises.

Pour aller plus loin

Halte au « yakà faukon » !

« Il faut que, il n'y a qu'à, vous devriez » ou encore « vous auriez dû, il aurait fallu »... C'est la rengaine des managers fatalistes, qui se désengagent du problème, une des attitudes mentales du syndrome du renoncement, analysent les psy. Ils imposent, avec une assertion très générale ou, pire, vous culpabilisent après coup, anéantissant toute nouvelle initiative.

Ce sont des mots qui tuent ! Apprenez à répliquer avec aplomb. L'idée, c'est d'impliquer votre interlocuteur dans la situation. Attention, tout est dans l'intonation, calme et posée :

➔ « Quels moyens comptez-vous me donner ? »

➔ « Untel n'a-t-il pas échoué avec ce procédé ? »

➔ « C'est précisément ce que j'ai fait la dernière fois, sans résultat ! Vous vous souvenez ? »

Et vous, où en êtes-vous ?

Êtes-vous prêt à travailler sous l'autorité de deux personnes ?

Testez-vous en répondant aux questions suivantes...

		Oui	Non
1	Quand vous vous retrouvez dans un groupe de trois personnes, dont vous, avez-vous tendance à préférer très vite partager avec l'un de vos deux partenaires ?		
2	En groupe, prenez-vous le soin de tenir informé chaque membre du groupe de vos décisions ?		
3	Appréciez-vous d'entendre plusieurs personnes donner leur avis sur votre travail ou vos performances ?		
4	Est-ce que cela vous coûte beaucoup de réexpliquer la même chose à plusieurs personnes ?		
5	Avez-vous tendance à parler des autres en leur absence ?		
6	Acceptez-vous volontiers qu'une tierce personne arbitre vos litiges avec d'autres partenaires ?		
7	Estimez-vous faire preuve de diplomatie dans vos relations personnelles ?		
8	Vous sentez-vous à l'aise dans les relations de pouvoir ?		
9	Dans un groupe, quand les choses vont mal, osez-vous provoquer une discussion franche ?		
10	Avez-vous tendance à comploter ?		
11	Vous arrive-t-il d'être tenté de diviser pour régner ?		
12	Estimez-vous avoir le sens de l'intérêt d'un groupe avant de privilégier votre intérêt personnel ?		
13	Aimez-vous consulter plusieurs personnes avant de décider ?		
14	La simple idée d'avoir deux chefs vous perturbe-t-elle ?		
15	Si vous avez deux chefs, sentez-vous qu'à coup sûr, vous tiendrez compte surtout d'un seul très vite ?		

Pour connaître le résultat de votre autoévaluation, reportez-vous page 120.

Section 2

Adoptez un profil bas en période de crise

Votre entreprise se réorganise, fusionne ou bien est rachetée par un concurrent. Ce n'est pas le moment de craquer. Certes, votre manager peut être en première ligne, surtout s'il est au comité de direction… Cependant, rien n'est joué. Prenez plutôt la posture de la tortue, à l'abri sous sa carapace, avançant avec prudence. Songez à placer vos pions habilement en fonction du déroulement des événements.

❶ Analysez les rapports de force

Avant de déterminer une stratégie, il faut évaluer la situation. Votre environnement devient soudainement mouvant, il se complexifie.

Dans un premier temps, dites-vous que toute l'entreprise, ou toute votre division, si elle seule est concernée, vit des affres identiques aux vôtres. C'est normal, vous êtes tous secoués.

Dans un second temps, essayez de rester objectif et posez-vous les bonnes questions pour considérer la place de votre manager :

✔ ***Votre service est-il en compétition avec un autre ?*** Ou est-il en voie de reconfiguration ? Deux questions centrales. Selon la tendance, votre manager, surtout s'il est directeur, sera sur la sellette ou pas, et son équipe aussi. En conséquence, il vous demandera plus ou moins d'efforts. La face positive, c'est que l'équipe risque d'être très motivée pour défendre ses couleurs. La face négative, c'est qu'elle risque de sombrer dans le découragement.

✔ ***Votre manager est-il en doublon avec un autre ?*** C'est le coup de « un fauteuil pour deux », fréquent pour les cadres supérieurs. Dans ce cas, votre division risque d'être regroupée et votre manager en sursis. Et cela vous arrangera ou ne vous arrangera pas.

✔ ***Votre manager occupe-t-il un poste clé ?*** Si oui, il risque de profiter des changements, d'avoir davantage de responsabilités à une autre échelle et de prendre du galon. Cela peut être un accélérateur de carrière pour vous.

✔ ***Quelle pression pèse sur ses épaules ?*** Il est important d'évaluer ce qu'il peut ressentir, car cela déteindra sur l'équipe et il faudra gérer ses baisses de moral. Est-il du genre à relever le défi, à faire bonne figure malgré ses appréhensions, à reporter son stress sur les autres ?

✔ ***Quels sont ses appuis ?*** Il en a forcément. Vous en avez déjà rencontrés, lors de pots conviviaux en entreprise, au cours de séminaires. Mais certaines alliances sont fragilisées en période de chamboulement. Évaluez leur degré de solidité. Repérez aussi si certaines têtes sont menacées.

Mémento

Votre manager est-il fiable ?

Déconcerté, vous ne savez plus très bien situer votre manager. Est-il attentiste ou malin ? Sans doute joue-t-il son jeu, au risque de se désolidariser de son équipe, selon les perspectives qu'il entrevoit pour lui-même. Dès lors, ne prenez pas tout ce qu'il dit pour argent comptant.

La prudence s'impose dans les situations où :

- **➜ il hésite ou reste embarrassé ;**
- **➜ il s'agite en permanence ;**
- **➜ il émet beaucoup d'hypothèses sur l'avenir ;**
- **➜ il se contredit souvent ;**
- **➜ il se veut irréprochable en tout ;**
- **➜ il n'est jamais disponible.**

✔ ***Connaissez-vous ses compétiteurs ?*** Ils sont dans votre entreprise ou chez l'acquéreur. C'est un bon réflexe que de se renseigner sur eux et leur entourage professionnel, afin d'estimer leur chance de réussite. Et vous ne serez pas pris de cours au cas où…

Vous saurez tout cela en interrogeant des collègues, des concurrents, les représentants du personnel. N'hésitez pas à poser des questions directement à votre supérieur, à plusieurs, ou en tête à tête. Cependant, méfiez-vous des rumeurs de couloir, qui amplifient et déforment la réalité.

❷ Jouez la collaboration apparente

La période est troublée, mieux vaut rester sur son quant-à-soi. Glissez de la collaboration réelle que vous pratiquiez jusqu'alors, à la collaboration apparente. Temporisez, histoire d'aviser au regard de l'action de la nouvelle direction de l'entreprise ou de celle de votre manager chargé d'incarner une nouvelle organisation.

Mémento

Identifiez bien tous les niveaux de hiérarchie

Il est important, en cas de conflit en particulier, de bien connaître les niveaux de hiérarchie d'une entreprise. Selon la classification usuelle, ils sont au nombre de trois :

→ le manager de proximité, le vôtre, proche du terrain (n + 1) ;

→ le manager de votre manager (n + 2), qui chapeaute aussi d'autres responsables d'équipe ;

→ les managers de dirigeants (n + 3), responsables d'une grande fonction de l'entreprise (finances, achat, vente/marketing, etc.) et copilotes de la stratégie globale.

La collaboration apparente implique que vous n'êtes pas tenu de croire à ce que vous faites. Il s'agit **d'éteindre pour partie votre sens critique**, tout en suivant les directives. C'est une sorte de coopération utilitaire, qui n'a rien à voir avec l'obséquiosité ou la servilité. Restez sincère. Moralement, la position est tenable si les tâches demandées ne heurtent pas votre éthique. Sinon, il faut refuser, ou vous dérober.

Par ailleurs, **cherchez à susciter des confidences** pour apprécier la tournure des événements en haut lieu. D'où l'importance des circuits parallèles que vous avez élaborés pour récolter des informations... Vous vous positionnerez plus tard, quand les orientations stratégiques seront clarifiées.

La cartographie des rapports de force

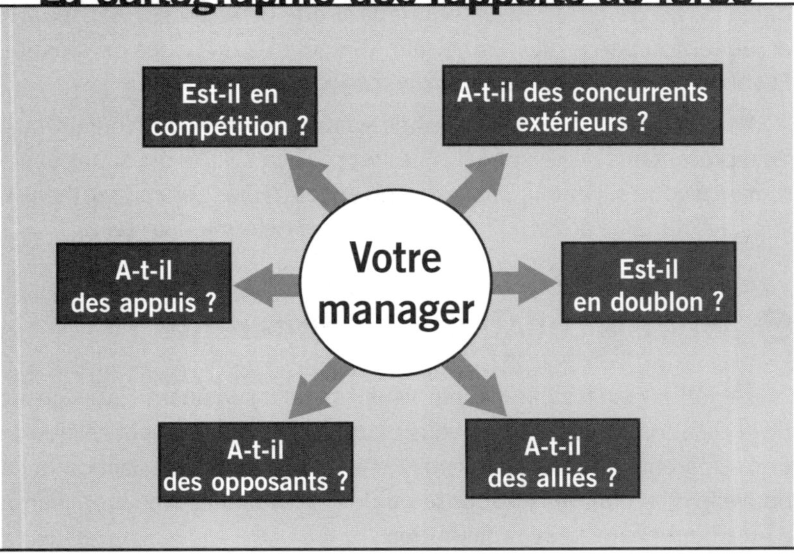

Section 3

Tenez compte du poids des jeux d'influence excessifs

Dans les grands groupes, mais parfois aussi dans certaines structures modestes, prédomine une forte culture de clans. Les jeux politiques y sont exacerbés. Les carrières se font et se défont par intrigues. On est catalogué d'un bord ou de l'autre… Il s'agit donc pour vous de prendre ce climat en considération. Votre méconnaissance ou votre naïveté risquerait de vous coûter très cher.

❶ Anticipez les renversements d'alliance

La valse des postes et de leur titulaire est une réalité. Les soutiens indéfectibles en entreprise sont rares. Celui qu'on croyait fidèle à son manager décide d'apporter son soutien à un autre. Ce sont les alliances d'intérêt plutôt que les alliances de cœur qui se brisent, mais d'une manière générale aucune d'entre elles n'est franchement à l'abri.

✔ ***Repérez les manœuvres et manœuvriers.*** L'entreprise clanique recèle plus de complots et de trahisons qu'ailleurs. Les vrais débats et décisions naissent dans les couloirs, en dehors des cénacles habituels. Soyez aux aguets des rapprochements et détachements entre les personnes qui comptent et entre celles qui gravitent autour de votre supérieur. Vous le sentirez à un climat inhabituel, des conversations qui s'interrompent d'un coup, des sujets inédits. Votre instinct sera un excellent guide !

✔ ***Résistez à la pression de choisir un camp.*** Votre manager est fragilisé, il sera tenté d'user de chantage à la loyauté, promesses à la clé, pour vous rallier. Vos collègues ou des partenaires étaleront leurs arguments afin de vous convaincre de le renverser avec eux. Il est difficile de distinguer les vrais des faux alliés, la vérité du mensonge. Un moyen

Conseil pratique

Dix formes de contre-manipulation

Appuyez-vous sur les exemples suivants en cas de besoin...

➜ ignorer et faire une pirouette : « Merci, c'est ce que j'attendais ! »

➜ confronter : « Stop, je n'entre pas dans ce jeu ! »

➜ démasquer : « Quelle est votre intention ? »

➜ simuler avoir été touché : « Je vous remercie bien. »

➜ désamorcer : « Cette situation va justement me servir à... »

➜ amplifier : « Vous êtes vraiment trop génial ! »

➜ envelopper : « C'est ton interprétation, ton opinion. »

➜ généraliser : « À chacun son expérience. »

➜ ironiser : « C'est dommage pour vous. »

➜ rassurer faussement : « Ne vous inquiétez pas pour moi ! »

efficace, recentrez-vous sur vous. Dites-vous que vous avez le droit d'agir selon votre conscience, de ne pas plaire à tout le monde, de ne pas avoir d'avis ou une opinion contraire. Pour vous en persuader, dressez un petit mémo libérateur : « J'ai le droit de... »

✔ ***Déjouez les tentatives de déstabilisation.*** À ce stade-là, inutile d'attaquer un collègue ou un supérieur manipulateur ou de discuter avec lui de grands principes. Pratiquez la technique de « l'évitement », en lui retournant ses arguments, ou celle du « brouillard », cette communication floue et superficielle basée sur des phrases courtes, toutes faites, ou des proverbes du style « nul n'est parfait ! ».

✔ ***Évitez de vous identifier à votre manager.*** Il est de bonne politique de garder une certaine neutralité. Plus vous serez proche de lui, plus vous serez « amalgamé » à ses propos et à ses prises de position, ce qui peut être dangereux.

❷ Privilégiez la prise de contact

Vous avez opté pour une sage neutralité. Il ne s'agit pas, pour autant, de rester isolé dans une attitude de repli, car l'attentisme revient à laisser aux autres toutes les initiatives. Vous faites partie d'un groupe d'individus en entreprise. Vous ne pouvez pas rester cantonné au service minimum pour votre manager.

Respectez quelques bons principes pour rester dans l'action :

✔ ***Contournez l'argument politique.*** En évitant le sujet et en restant sur un registre professionnel. Vous vaquerez alors à vos occupations sans problème et pourrez nouer des relations non équivoques et consistantes ; en priorité avec votre manager, mais aussi partout ailleurs dans l'entreprise. Ne boudez pas les manœuvriers ; si vous gardez ce cap, ils seront fréquentables. Après tout, leur efficacité professionnelle vous est utile..

✔ ***Intéressez-vous aux débats publics, allez aux réunions qui vous concernent même de loin,*** afin de montrer que vous tenez votre place, que vous êtes fidèle au poste.

✔ ***Informez-vous de l'avancée des uns ou des autres sur l'échiquier politique de votre entité et du groupe.*** C'est indispensable pour replacer vos activités et vos éventuelles prises de position dans un contexte actualisé. Pas la peine de commettre des impairs avec tel ou tel décisionnaire. Notamment si votre supérieur vous bloque sans raison apparente, réfléchissez bien avant d'aller voir plus haut. Vous ne connaissez pas tous les dessous des cartes. Toutefois, si vous estimez en savoir assez, cela peut être une bonne stratégie.

Conseil pratique

Pouvez-vous court-circuiter votre supérieur hiérarchique ?

Votre chef ne vous écoute pas et vous êtes tenté de le contourner. Sachez que cet exercice est périlleux. D'abord parce que le manager de votre manager, au niveau n + 2, a sans doute validé sa nomination ; auquel cas, il l'apprécie ou se sent coresponsable de ses décisions. Il risque alors d'identifier votre démarche à une remise en question de ce choix, et par ricochet de lui-même. Ensuite parce que ce n + 2 vous connaît mal ; il ne sait de vous que ce que lui en a dit votre chef. Et réciproquement.

Il vous faut donc une raison puissante pour solliciter un n + 2 : une fin de non-recevoir de votre chef, une décision qu'il a prise et qui vous pénalise gravement, un conflit majeur. N'y allez jamais sous le coup de la colère et préparez un argumentaire ciblé et concis, des preuves de ce que vous avancez. Le mieux, c'est de demander un rendez-vous et d'en indiquer l'objet général. De toute façon, votre manager le saura. Vous avez même intérêt à l'en avertir en gage de votre bonne foi.

Section 4

Misez sur le long terme

Vous avez bataillé et composé pour entretenir une relation équilibrée avec votre manager. Mais à celui-ci en succédera plusieurs autres. Peut-être gérez-vous déjà vous-même des équipes, sous la supervision d'un supérieur plus haut placé dans la hiérarchie. Vous connaissez donc tout l'intérêt de tirer les leçons de votre vécu manager/managé, tant sur le plan personnel que professionnel. Un précieux atout pour votre future évolution…

❶ Dépassez la surface des problèmes pour mieux vous connaître

Vous vous êtes déjà frotté à un ou plusieurs managers ; vous avez tenté de résoudre des difficultés ; vous avez donc forcément effectué quelques découvertes sur vous-même. Ce n'était sans doute pas l'objectif premier, mais cela vaut le coup de creuser les pistes qui se sont ouvertes à vous. Comme tout se joue à deux, avec effet miroir, tout ce que vous apprendrez sur vous vous en apprendra sur votre supérieur.

Vous avez déjà noté que prendre des rendez-vous avec soi-même est fondamental. Voici venu le temps du recul et de l'intériorité nécessaire pour approfondir la relation à soi, étape indispensable avant de discerner les points d'achoppement et vos priorités d'action dans votre relation à votre manager.

✔ ***Vous détecterez vos zones d'ombre.*** Peurs profondes, craintes, ambiguïtés, contradictions, volonté de contrôler l'autre. Quel que soit votre niveau de responsabilité, vous êtes comme tout le monde et, comme votre supérieur, imparfait.

✔ ***Vous écouterez vos émotions.*** Colère, tristesse, peur, joie, il est important d'en connaître sa cartographie personnelle, à quel endroit du corps elles se déclenchent, à quel degré elles se manifestent, et quelle est leur signification. Ce ressenti est un excellent indicateur d'état de frustration et de satisfaction. Apprendre à les reconnaître vous donne aussi une grille de lecture des émotions de votre supérieur.

✔ ***Vous apprendrez à ne pas reproduire les comportements inadaptés.*** Parce que vous avez compris qu'ils viennent de plus loin et que votre réalité d'aujourd'hui est différente.

✔ ***Vous trouverez la force de remettre votre manager à sa juste place.*** Ce sera une victoire, car la marche est difficile à franchir. Cela vous aidera grandement à faire face à des patrons sans scrupules, caractériels ou même harceleurs. Vous pourrez dire stop au dénigrement systématique, stop à leur excès de perfectionnisme.

Mémento

Le kit de base pour bien vivre votre relation avec votre manager

→ **La confiance en vous.**

→ **La capacité à déchiffrer vos propres émotions.**

→ **La capacité à relire les situations « à froid ».**

→ **La capacité à dire « je ».**

→ **La capacité à vous préserver.**

→ **La lucidité sur vous-même.**

→ **L'authenticité.**

→ **L'écoute.**

→ **Le sens de l'humour.**

✔ ***Vous n'aurez plus besoin de vous justifier en permanence.*** Vous avez appris à faire la part des choses et à assumer votre responsabilité.

❷ Capitalisez vos expériences

Votre supérieur s'en va ou c'est vous qui partez. Dans les deux cas, vous changez de manager. Contrairement à ce que vous pensez, tout n'est pas à refaire à chaque fois. Vous avez déjà une base, un vécu de managé. Il est donc important de mémoriser d'une façon ou d'une autre, tout ce que vous en retenez au fur et à mesure de votre trajectoire. Pensez à dresser un bilan de vos expériences manager/managé à chaque infléchissement professionnel. Vous récapitulerez ainsi des points clés : là où vous avez progressé, là où vous restez fragile, là où vous êtes en zone de confort.

Cette remise en perspective est importante pour bien gérer votre relation avec un nouveau supérieur hiérarchique. Et puis vous aurez ainsi une longueur d'avance si vous voulez devenir manager à votre tour, avec des collaborateurs à encadrer. Vous ferez alors votre miel de tout ce passé. Cela se sentira en positif dans les entretiens de recrutement.

Faites donc le point sur :

✔ ***Les situations qui vous ont marqué.*** Ce sont celles qui vous ont permis de progresser. Une action ratée ou un désaccord non dit avec votre manager, par exemple. Rappelez-vous le pourquoi et le comment elles sont apparues, de quelle façon vous vous en êtes bien (ou mal) sorti et ce que vous ne feriez plus pareil pour éviter la défaillance, le stress ou le conflit.

✔ ***Ce que vos managers vous ont transmis.*** Certains marquent pour une carrière entière. Beaucoup de patrons qui ont la fibre managériale se remémorent leurs maîtres, qui leur ont inculqué un savoir-faire, des valeurs, une façon de se comporter. Votre manager peut vous inspirer pour avoir pratiqué une pédagogie efficace, ou vous avoir révélé un talent caché.

✔ ***Ce qui vous a aidé à surmonter les tensions.*** Vous avez trouvé votre manière de vous préserver, de vous relaxer, une façon de communiquer et de vous confronter aux autres. Et vous avez testé votre capacité d'influence. Vous avez déjà su vous adapter.

Pour aller plus loin

Quelques livres ressources

→ Guy Desaunay, *Comment gérer efficacement son supérieur hiérarchique*, Dunod, 2005 (3e édition).

→ François Lelord et Christophe André, *Comment gérer les personnalités difficiles*, Odile Jacob, 2005.

→ Dominique Chalvin, *Libérez vos talents de manager*, Guide Management, ESF éditeur, 2005 (qui comprend notamment un autodiagnostic des styles de management).

→ Éric Albert, Frank Bournois, Jérôme Duval-Hamel, Jacques Rojot, Sylvie Roussillon, Renaud Sainsaulieu, *Pourquoi j'irai travailler*, Eyrolles société, 2003.

→ Bernard Sananès, *La Communication efficace*, Dunod, 2005 (4e édition).

→ Isabelle Nazare-Aga, *Les manipulateurs sont parmi nous*, Les Éditions de l'Homme, 2004.

→ Jacques Regard, *Manipulation, ne vous laissez plus faire*, Eyrolles pratique, 2005.

→ Jacques Crèvecœur, *Relations et Jeux de pouvoir*, Éditions Jouvence, 2000.

Et vous, où en êtes-vous ?

Êtes-vous prêt à progresser dans votre relation avec vos managers d'aujourd'hui et de demain ?

Au terme de cette lecture, vous devez ressentir le besoin de faire un bilan. Laissez-vous guider par ces questions et formulez vos réponses spontanément par écrit, puis relisez vos notes une semaine plus tard : corrigez, enrichissez, évaluez. Vous prendrez ainsi l'habitude de prendre des rendez-vous avec vous-même et vos relations avec vos supérieurs s'en trouveront améliorées.

Qu'est-ce qui marche bien ou mieux avec mon manager actuel ?

____

____

____

Qu'est-ce que j'ai appris de mon manager qui m'a été utile ?

____

____

____

Qu'est-ce qu'il a contribué et réussi à changer et améliorer en moi ?

____

____

____

Qu'est-ce que j'ose lui dire que je n'osais pas avant (à lui ou aux autres) ?

____

____

____

Qu'est-ce que j'ai réussi à changer en lui ?

____

____

____

Pour connaître le résultat de votre autoévaluation, reportez-vous page 121.

L'essentiel

GARDER LE CONTRÔLE SIGNIFIE FAIRE TOUT CE QUI EST EN SON POUVOIR POUR NE PAS SE LAISSER SURPRENDRE OU DÉBORDER PAR LES ÉVÉNEMENTS. IL S'AGIT DE GARDER LA TÊTE FROIDE FACE À SON MANAGER EN TOUTE CIRCONSTANCE.

1 ÉLABOREZ UNE CHARTE DE SAVOIR-VIVRE QUAND VOUS AVEZ DEUX MANAGERS (FACE À UNE DOUBLE HIÉRARCHIE)

Déterminer une méthode de travail acceptable par tous et prévoir des critères de priorité pour désamorcer les conflits ; une nécessité afin de ne pas entrer dans une surenchère de reproches.

2 APPRENEZ À FAIRE LE DOS ROND EN CAS DE CRISE DANS L'ENTREPRISE

Éviter d'entrer dans des jeux de manipulation ou de désinformation. Il faut s'en défendre et garder sa neutralité, au moins dans un premier temps.

3 ARMEZ-VOUS PSYCHOLOGIQUEMENT

Se recentrer sur ses valeurs fondamentales, c'est retrouver de la sérénité et de l'énergie. C'est aussi s'autoriser à utiliser intelligemment sa perspicacité et son intuition.

4 RÉCAPITULEZ LES BONS RÉFLEXES

Tirer profit de ses expériences passées et surveiller ses émotions ; ce qui permet de composer efficacement avec la réalité du moment et d'envisager l'avenir.

❑ ***Notes personnelles***

Résultats des exercices

p. 13 Quelle idée vous faites-vous de votre relation avec votre manager ?

Voici votre grille idéale :

		Souvent	Parfois	Rarement
1	Je laisse mon manager décider seul des instructions pour le service.		X	
2	Je l'informe régulièrement de mes activités.	X		
3	Je lui pose des questions précises concernant les projets pour l'équipe.	X		
4	Je ne crains pas de contester certaines de ses décisions.		X	
5	J'ai tendance à obéir même si je ne suis pas d'accord.			X
6	Je peux jouer un rôle de déstabilisateur au sein de l'équipe.			X
7	Je discute avec mon manager de nos rôles respectifs.	X		
8	Je discute volontiers de nos vies personnelles hors travail avec mon manager.		X	
9	Je constate des zones de forte incompréhension avec mon manager.			X
10	Je m'efforce de comprendre les motivations de mon manager.	X		
11	Il m'arrive de parler avec mon manager de nos qualités et de nos défauts réciproques.		X	
12	J'aborde avec lui la façon dont il exerce son autorité.		X	
13	J'arrive à influencer ses décisions.		X	
14	Je reste en général à distance de mon manager.		X	
15	Je parle avec mon manager sur un pied d'égalité.	X		

➜ Vous constatez que les réponses proposées illustrent une relation franche, coopérative et constructive avec votre manager : ni trop de dépendance, ni soumission, ni hostilité, ni rébellion. Vous communiquez avec lui avec transparence, confiance et raison. **C'est votre cas si vous avez moins de trois réponses différentes par rapport à la grille idéale.**

→ **Si vous avez entre 3 et 8 réponses différentes,** prenez le temps de réfléchir à l'idée que vous vous faites de votre relation à l'autorité et reconsidérez certains de vos points de vue.

→ **Si vous avez plus de 8 réponses différentes,** lisez attentivement les chapitres de ce livre, vous y trouverez de sérieuses pistes d'amélioration car vous n'êtes pas au clair avec votre relation manager/managé.

p. 25

Dressez le « portrait-robot » de votre manager

C'est toujours un exercice utile que de prendre le temps et le recul nécessaires pour cerner la personnalité d'un collègue avec lequel vous travaillez, *a fortiori* de votre chef. Bien sûr, la démarche est subjective et elle doit l'être : c'est vous qui le voyez et le ressentez comme cela. En prendre conscience, c'est déjà esquisser son portrait psychologique : peut-être que d'autres le perçoivent moins anxieux, moins autoritaire, plus sincère, moins aimable, plus à l'écoute.
En relisant vos réponses, cherchez à :
→ mieux les étayer (cherchez des faits et des preuves) ;
→ discerner ce qui vous convient bien et ce que vous n'aimez pas ;
→ évaluer le dosage de ce que vous percevez (est-il souvent autoritaire ou plutôt rarement ? ne fait-il jamais confiance ou cela lui arrive-t-il de temps en temps ?) ;
→ notez les domaines dans lesquels il a, selon vous, changé (en mieux ? en moins bien ?).

Enfin, prenez le temps de penser à ce que d'autres collègues peuvent ressentir. Cela vous aidera à relativiser et à clarifier vos réponses.

p. 31

Savez-vous travailler dans un cadre clair avec votre manager ?

→ **Si vous avez moins de 5 réponses négatives,** vous travaillez dans un cadre plutôt clair avec votre manager (objectifs, missions, attentes, relation, suivi). Revenez sur les points négatifs, approfondissez-les, parlez-en avec lui et vous consoliderez encore un peu plus votre complémentarité et *a fortiori* votre efficacité.

→ **Si vous avez entre 5 et 10 réponses négatives,** cela signifie que beaucoup de choses ne vont pas entre votre manager et vous. Il existe un manque de dialogue, de soutien et surtout d'écoute réciproque. Vous ne prenez pas assez le soin (et le temps) de « parler vrai » ensemble. Réfléchissez de votre côté et proposez une mise au point. Votre démarche sera bénéfique pour vous deux. Appuyez-vous sur ce que vous avez déjà su régler positivement pour améliorer votre relation.

→ **Si vous avez plus de 10 réponses négatives,** il y a un « malaise ». Prenez conscience de l'existence d'un malentendu et arrêtez de tout reporter sur votre manager. Sachez que si vous ne faites rien, la situation risque de s'aggraver et de devenir encore plus pénible. Vous devez donc provoquer un entretien, vous faire aider... ou demander à changer de service. Faites preuve de patience et reprenez tout à zéro. Cherchez avant tout à répondre à cette question : comment mieux travailler avec mon chef ?

Pour cela, vous devez changer tous les deux. Essayez de progresser étape par étape ; privilégiez les bilans partiels ; rassurez-vous en constatant les moindres améliorations ; témoignez-lui votre confiance.

Soyez patient mais exigeant. Montrez votre volonté de travailler en meilleure intelligence, assurez-vous de la réciprocité constante des engagements que vous avez mis en place. Même si c'est votre chef, n'ayez pas peur de faire le premier pas : ce sera votre force. Si tout va bien, il abordera alors les choses de manière positive. Sinon, il vous faudra choisir une autre amorce !

p. 43

Avez-vous réussi à contractualiser correctement votre relation avec votre manager ?

→ **Si vous avez moins de 5 réponses négatives,** le cadre contractuel de votre relation managériale est correctement établi. Faites-le vivre, ne vous endormez pas sur vos acquis : vous devez rester vigilant et chercher à améliorer les choses.

→ **Si vous avez entre 5 et 10 réponses négatives,** vous devez reprendre les choses en mains et proposer des solutions pour clarifier les points les plus urgents. Définissez des priorités, allez au plus utile et acceptez de vous remettre en cause avant de chercher à remettre en cause votre relation. N'en faites pas une affaire de personne et mettez-vous à contribution.

→ **Si vous avez plus de 10 réponses négatives,** c'est le cauchemar ! Soyez objectif et optimiste, et surtout courageux. Osez dire « ça ne va pas » : dites-vous les choses en face, assurez-vous de votre volonté réciproque de progresser et repassez des contrats clairs, point par point. Ça ne peut pas être pire... Donc, ça peut vite aller mieux !

p. 49

Comment aidez-vous votre manager ?

→ **Si vous avez plus de 10 réponses positives,** votre chef doit apprécier votre présence à ses côtés. À coup sûr, vous lui facilitez la vie et vous savez être coopératif(ve).

→ **Si vous avez entre 5 et 10 réponses positives,** vous oscillez entre deux attitudes : vous rendre utile et vous tenir à distance de votre chef.
Vous partagez difficilement et vous prenez peu l'initiative pour participer à l'exercice de ses responsabilités.

→ **Si vous avez moins de 5 réponses positives,** à l'évidence, vous devez vous interroger sur le rôle que vous jouez aux côtés de votre chef. Ou bien il fait tout et n'a pas besoin de vous, ou bien vous pratiquez fréquemment l'évitement et vous laissez faire. Il convient de repenser votre relation : qu'est-ce qu'il attend de vous ? Sur quoi pouvez-vous coopérer ? En quoi peut-il compter sur vous ?

p. 61 Êtes-vous à l'aise avec la délégation ?

Comptabilisez les points que vous avez entourés.

➜ **Si vous avez entre 55 et 75 points,** vous disposez d'une bonne capacité à vivre les délégations, à en recevoir et... à les pratiquer. Vous avez compris ce que confiance et volonté d'être fiable et constructif veulent dire. Vous savez rendre service et vous en servir pour vous développer.

➜ **Si vous avez entre 35 et 54 points,** vous avez une expérience ambivalente de la délégation. Ou bien vous vous en méfiez ou bien vous êtes négligent. Vous devez clarifier votre expérience de la délégation, en parler avec votre manager, tirer des enseignements des expériences réussies.

➜ **Si vous avez entre 15 et 34 points,** vous êtes très mal à l'aise avec la délégation : vous manquez de confiance ou vous êtes rigide. Vous vous en tenez à ce que vous avez à faire. Résultat : vous aurez du mal à progresser. C'est en osant prendre des risques qu'on va de l'avant. Attention !

p. 67 Comment vivez-vous la relation d'autorité ?

➜ **Si vous avez plus de 10 « Oui »,** vous vivez mal la relation d'autorité. Vous craignez votre chef, vous le surestimez et vous culpabilisez beaucoup trop.

➜ **Si vous avez plus de 10 « Oui » et « De temps en temps » cumulés,** vous manquez d'aisance dans la relation d'autorité en fonction des circonstances ou de votre humeur. Vous êtes influençable et assez instable. Tout peut aller bien ou mal.

➜ **Si vous avez plus de 10 « Non »,** vous savez occuper votre place et l'autorité est acceptable pour vous, voire recherchée : vous savez vous situer d'égal à égal et vous osez aborder franchement les problèmes. Vous vous sentez responsable dans de justes limites.

p. 79 Faites le portrait de vos alliés et de vos rivaux et le bilan de vos alliances

Cet autodiagnostic vous permet d'analyser vos réseaux d'alliances et les points « durs » dans vos relations.
Vous ne réussirez pas tout seul. Vous réussirez avec votre manager, s'il occupe une bonne place dans votre réseau d'alliances.
Interrogez-vous sur les raisons qui vous séparent de vos rivaux et quelle est la place de vos rivaux par rapport à votre manager.
Fixez-vous un plan d'action pour faire évoluer votre réseau d'alliances :

➜ Quelles sont les alliances à renforcer ?
➜ Quelles sont les résistances à diminuer ?
➜ Quelles sont les alliances à créer ?

p. 85 Avez-vous trouvé votre place auprès de votre manager ?

Voici votre grille idéale :

		Oui	Non
1	Votre manager accède-t-il à vos dossiers sans passer par vous ?		X
2	Votre manager vous impose-t-il une familiarité qui vous gêne ?		X
3	Votre manager interrompt-il votre travail sans vous interroger sur ce que vous faites ?		X
4	Vous arrive-t-il de faire valoir vos priorités pour lui demander de différer une sollicitation ?	X	
5	Avez-vous déjà pris l'initiative de quitter une réunion qui s'attardait au-delà de l'échéance prévue ?	X	
6	Vous arrive-t-il de vous isoler pour terminer un travail important et urgent ?	X	
7	Vous arrive-t-il de ne pas répondre à des questions trop personnelles de votre manager ?	X	
8	Avez-vous décidé clairement de ne pas aborder certains sujets de votre vie personnelle avec votre manager ?	X	
9	Avez-vous le sentiment qu'un bon contrat de confiance est en place avec votre manager ?	X	
10	Acceptez-vous un reproche justifié sans trop d'agacement ?	X	
11	Est-ce que votre manager respecte vos pauses de travail ?	X	
12	Est-ce que vous prenez l'initiative d'aborder avec votre manager des sujets qui vous tiennent à cœur ?	X	
13	Est-ce que vous éprouvez en général un sentiment de liberté avec votre manager ?	X	
14	Est-ce que vous savez tenir compte de ses priorités ?	X	
15	Est-ce que vous êtes capable de donner suite à ses explications pour changer de décision ?	X	

→ **Si vous avez plus de 12 réponses justes,** vous avez su vous construire une place auprès de votre chef sans trop de dépendance. Vous travaillez en confiance, en bonne intelligence. Vous osez et savez exercer de façon responsable votre libre arbitre.

→ **Si vous avez entre 8 et 11 réponses justes,** vous rencontrez quelques difficultés avec votre chef : vous cédez trop et cette dépendance vous coûte.

➜ **Si vous avez moins de 7 réponses justes,** votre dépendance est pesante. Il vous reste à oser la démarche la plus délicate peut-être, mais la plus utile : oser aborder avec lui votre mode de relation. Il convient entre vous de reconstruire quelque chose de plus transparent et de mieux accepté, réciproquement.

p. 97 Savez-vous vous mettre en valeur ?

Comptabilisez le total de vos points entourés.

➜ **Vous avez entre 70 et 85 points.** À coup sûr, vous travaillez beaucoup votre image personnelle… au point peut-être de passer pour quelqu'un qui la « joue perso » ! Attention, n'en faites pas trop. Soyez vigilant sur la légitimité de vos démarches. On pourrait vous en vouloir et guetter votre moindre faux pas. Continuez, cependant, avec discernement à bien mettre en évidence ce que vous faites et à en montrer l'intérêt que cela réprésente pour tous. Si ce que vous réussissez sert aux autres aussi, tout ira bien pour vous.

➜ **Vous avez entre 30 et 69 points.** Votre attitude est assez dosée. Vous osez faire valoir avec modération vos talents malgré quelques freins. Pensez à sélectionner ce qui vaut la peine d'être mis en avant. Prenez des initiatives avec sincérité : dire ce que l'on fait a du sens et peut présenter un intérêt pour tous.

➜ **Vous avez entre 15 et 29 points.** Vous restez trop sur votre réserve. Vous n'osez pas montrer ce que vous faites. Cette passivité (doublée sûrement de timidité) va vous desservir. Attirer l'attention n'est pas coupable quand c'est légitime. Cherchez des alliés, ils pourront vous aider à faire parler de vous.

p. 103 Êtes-vous prêt à travailler sous l'autorité de deux personnes ?

Voici la grille idéale :

		Oui	Non
1	Quand vous vous retrouvez dans un groupe de trois personnes, dont vous, avez-vous tendance à préférer très vite partager avec l'un de vos deux partenaires ?		X
2	En groupe, prenez-vous le soin de tenir informé chaque membre du groupe de vos décisions ?	X	
3	Appréciez-vous d'entendre plusieurs personnes donner leur avis sur votre travail ou vos performances ?	X	
4	Est-ce que cela vous coûte beaucoup de réexpliquer la même chose à plusieurs personnes ?		X

		Oui	Non
5	Avez-vous tendance à parler des autres en leur absence ?		X
6	Acceptez-vous volontiers qu'une tierce personne arbitre vos litiges avec d'autres partenaires ?	X	
7	Estimez-vous faire preuve de diplomatie dans vos relations personnelles ?	X	
8	Vous sentez-vous à l'aise dans les relations de pouvoir ?	X	
9	Dans un groupe, quand les choses vont mal, osez-vous provoquer une discussion franche ?	X	
10	Avez-vous tendance à comploter ?		X
11	Vous arrive-t-il d'être tenté de diviser pour régner ?		X
12	Estimez-vous avoir le sens de l'intérêt d'un groupe avant de privilégier votre intérêt personnel ?	X	
13	Aimez-vous consulter plusieurs personnes avant de décider ?	X	
14	La simple idée d'avoir deux chefs vous perturbe-t-elle ?		X
15	Si vous avez deux chefs, sentez-vous qu'à coup sûr, vous tiendrez compte surtout d'un seul très vite ?		X

➜ **Si vous avez plus de 12 réponses justes**, vous êtes prêt(e) à travailler avec deux managers. Vous êtes suffisamment diplomate, vous saurez trouver votre place, vous positionner et gérer les tensions et même tirer profit de leur présence.

➜ **Si vous avez entre 8 et 11 réponses justes**, vous ressentirez vite certains tiraillements. Votre approche trop partisane vous posera des problèmes. Vous avancez difficilement dans les jeux de pouvoir.

➜ **Si vous avez moins de 7 réponses justes**, évitez de vous retrouver dans la position d'avoir deux chefs : vous ne ferez pas bon ménage à trois. Trop de tendance à l'embrouille, au malentendu. Vous êtes sûrement influençable, individualiste et pas très au clair avec les relations d'autorité.

Relisez bien le chapitre 6 et expérimentez les règles du jeu nécessaires au bon fonctionnement d'un groupe.

p.113

Êtes-vous prêt à progresser dans votre relation avec vos managers d'aujourd'hui et de demain ?

Vous devez concevoir la relation avec votre manager comme quelque chose qui vit, qui évolue. Rien n'est statique, définitif. Ne soyez pas fataliste.

Ne campez pas sur des positions. Rien n'est acquis non plus : il peut y avoir des améliorations, voire des régressions. Fondamentalement, on apprend à vivre ensemble et une relation se construit. Vous devez vous sentir coresponsable de ce que vous vivez. Faites l'effort de faire un bilan deux fois par an en vous posant les cinq questions suggérées.
Le mieux est de partager cette expérience avec votre manager.

Index

Achevé d'imprimer en août 2006
N° d'édition : 3176 ED 2976
Dépôt légal, août 2006
Imprimé en France